互联网运动式治理的法治化转型研究

The Transformation to Rule-of-law of the Internet Governance by Movements

王丽娜 著

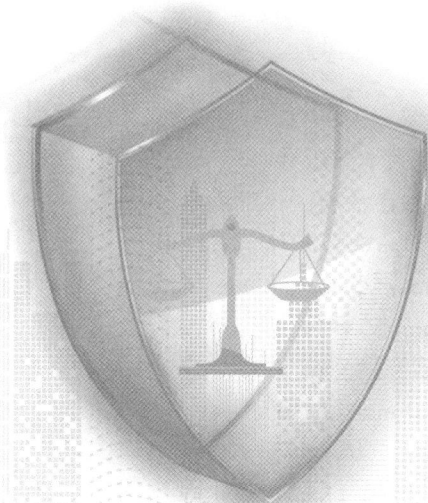

长 沙

湖南师范大学出版社

图书在版编目（CIP）数据

互联网运动式治理的法治化转型研究／王丽娜著. —长沙：湖南师范大学出版社，2024.7

ISBN 978 - 7 - 5648 - 5414 - 0

Ⅰ.①互… Ⅱ.①王… Ⅲ.①互联网络—科学技术管理法规—研究—中国 Ⅳ.①D922.174

中国国家版本馆 CIP 数据核字（2024）第 089386 号

互联网运动式治理的法治化转型研究

Hulianwang Yundongshi Zhili de Fazhihua Zhuanxing Yanjiu

王丽娜 著

◇出 版 人：吴真文

◇责任编辑：胡艳晴

◇责任校对：李 航

◇出版发行：湖南师范大学出版社

地址/长沙市岳麓区 邮编/410081

电话/0731 – 88873071 88873070

网址/https：//press. hunnu. edu. cn

◇经销：新华书店

◇印刷：长沙雅佳印刷有限公司

◇开本：710 mm×1000 mm 1/16

◇印张：11. 25

◇字数：180 千字

◇版次：2024 年 7 月第 1 版

◇印次：2024 年 7 月第 1 次印刷

◇书号：ISBN 978 – 7 – 5648 – 5414 – 0

◇定价：45. 00 元

凡购本书，如有缺页、倒页、脱页，由本社发行部调换。

前　言

　　自接入国际互联网络至今，我国互联网建设获得长足发展，对社会生产和生活方式已然产生巨大影响。近年来，以移动互联网技术为依托，互联网再次获得跨越式大发展，互联网的开放、自由和匿名等特点，带来了更快捷、更便利的信息获取和分享方式，改变了人们的思维方式、生活方式、交流方式和交易方式，也深刻影响着政府治理方式。互联网技术飞速发展在极大地促进了经济和社会发展的同时，其负面问题不断显现，互联网治理的相关议题也日益受到关注，随之推动互联网监管部门不断探索行之有效的治理方式。

　　在诸多互联网的治理方式中，互联网运动式治理凭借其治理的快速和有效成为相关管理部门的一种重要治理选择，同时也受到研究者的关注。互联网运动式治理虽确实有效地治理了大量的互联网负面问题，但也暴露出种种弊端，在备受诟病的同时，互联网运动式治理却仍然是有关管理部门进行互联网治理的必备选项之一，它得以长期存在的内在原因和良性演进路径的议题值得深入探究。

　　一、就研究思路而言，本书对互联网运动式治理的研究按照"案例梳理打基础—利弊分析作前提—转型研究得结论"的路线，整体上呈现从小到大、由点到面和由浅入深的分步式研究思路

　　（一）互联网运动式治理相关案例的系统梳理是其理论分析的基础

　　本书梳理自 2002 年至 2023 年的互联网运动式治理行动案例，分析互联网运动式治理的内在逻辑，为后续的互联网运动式治理的理论研究打下一定基础。就其启动逻辑而言，互联网运动式治理的启动是在复杂的内因和外因、近因和远因的推动下而开启的；就其实施逻辑而言，互联网运动式治理是在目标设定机制、动员准备机制和具体实施机制的共同作用下来逐步开展的；就其结果分析而言，在互联网运动式治理后期，互联网管理部门根据激励机制和酬赏方案来落实奖惩和激励并总结得失，以促进后续治理行动有效开展。

（二）对互联网运动式治理的特点和利弊分析是探究其法治化转型的前提

本书对互联网运动式治理的肯定评价和否定评价进行系统梳理，尤其着重分析诸多否定评价，结合社会学、政治学相关研究，融入法理分析角度，从而看到互联网运动式治理的特点和利弊。

从法理上讲，互联网运动式治理因其执法手段超越法定程序，运动中发生法律异化和"弥散化"惩罚，也违背法律的合比例原则和必要性原则，导致互联网的"运动式执法不法"；从特点上看，由于互联网运动式治理的运动特性导致其治理中发生权力过度扩展，使原本就边界模糊的政府权力和网民权利间更加失衡，造成互联网运动式治理的"侵权"问题突出；从机制上看，互联网运动式治理是对互联网常规管理的累积性偏差的纠正机制，如果其治理理念和治理方式总是沿袭传统的行政管理思路，而不随着互联网的发展进行调整和改善，那么这种纠偏机制长期来看是失灵的，会导致互联网运动式治理的"纠正不正"；从治理结果看，互联网运动式治理时有失灵，其维护互联网秩序的努力也常未达到预期效果，导致互联网的运动式的"维稳"时常"不稳"；从制度建设看，互联网运动式治理的短期有效性造成互联网监管主体对其产生路径依赖，却忽视互联网管理的制度化建设，同时，互联网运动式治理的诸多法律逾越和治理侵权现象显示其违背互联网法治的弊端，由此也产生了互联网运动式治理"不治"的局面。总之，对有代表性的互联网运动式治理行动的特点和利弊分析，有助于总结互联网运动式治理的得失，为解决其当前困境、为探寻其法治化转型方向及路径做好铺垫。

（三）互联网运动式治理的批判分析和理性再评价是研究其转型问题的关键

目前，社会学和政治学等学科的相关研究并未对运动式治理加以全盘肯定或全盘否定，而是从政府角度出发，期望运动式治理向制度化治理和常态化治理转型，并认为制度化转型中的决定因素是运动式治理的参与者，提出这种常态化治理并非简单沿袭旧有的行政管制模式，而是一种新的可持续治理和多中心协同治理。

本书认为应基于上述学科的运动式治理理论，对互联网运动式治理模式进行理性的再评价。一方面，鉴于互联网负面问题激增，要看到其内在不足所致的否定声音在增强的现实；另一方面，鉴于互联网运动式治理的有效性，要更客观地对其加以评价，对其应持一种更加理性的有限否定的态度。要看到互联网运动治理的发生和发展有自身逻辑和内在机制，即互联网运动式治理严重滞后于互联网发展现实，总是待负面问题自下而上地涌现到不可阻挡时再自上而下地集中整治，这种滞后的治理备受互联网现实的时空挤压，对互联网运动式治理的存在具有规定性。

除了上述外部因素，还要看到互联网运动式治理中蕴含着的法制输送机制，及其治理学习机制和技术再塑机制中蕴含的转型动力。具体来说，参与互联网管理的部门利用互联网运动治理的法制输送的契机，在前运动阶段、运动中阶段和后运动阶段，都加大修法、立法的力度和进度，建立相应的法律规范和制度框架，以期稳健解决互联网运动式治理当前面临的制度困境、主体困境和客体困境，实现互联网有效治理和互联网法律制度建设的双重目的；互联网管理部门在运动式治理过程中密集地通过治理行动对现有的治理举措和制度进行筛选、验证、改善和供给，形成一种良性的治理学习机制，从而推动互联网运动式治理的法治化转型；在治理过程中，互联网管理部门重视新技术的学习和使用，充分借力新媒体技术对互联网运动式治理的"倒逼"压力和"再塑"力量，使其逐步迈入法治化转型轨道。因此，互联网运动式治理的法制输送机制、治理学习机制和技术反塑机制共同构建了一种渐进的制度建设路径，是互联网运动式治理的法治化转型的重要机制，是互联网运动式治理频繁发生和长期存在的更为本质的原因。

总之，互联网运动治理的发生、发展有其独有逻辑和内在机制，其自身的弊端也显示其转型之必然。本书认为只有对互联网运动式治理进行理性的再评价，才能认识到互联网运动治理和传统运动式治理的差别，才能认识到互联网运动式治理是和制度输送紧密连接的，不再只是权宜的、无规划的被动治理，它可以被视为一种从行动到制度的法制输送机制和治理转型路径。如果可以在运动式治理的实践中抓住契机，因势利导，促进互联网各参与方的良性互动，建立起从行动到制度的连接机制和从制度到行动的反作用机制，形成行动和制度间的循环闭合机制，将有助于推动互联网运动式治理的法治化转型。

二、就研究方法而言，互联网运动式治理及其转型问题是个复杂的课题，需要采取多角度的综合研究方法

具体来说，本书采取的综合研究方法包括以下三种：

（一）案例分析

互联网运动式治理不仅有在全国范围内开展的全局行动，也有地方各级政府主导开展的局部行动，为了研究的典型性和可操作性，本书选取有代表性的全局性治理行动案例为分析对象，通过文本细读和归纳总结，不仅纵向研究不同阶段的互联网运动式治理的发展变化，也横向分析互联网运动式治理的起因、过程和结果等各个环节，做翔实而系统的案例分析，为互联网运动式治理的理论分析打下较为扎实的基础。

（二）实证研究

本书运用定性研究和定量研究相结合的方法开展实证研究。一方面，通过观察案例和收集文献资料，提出理论假设，运用定性分析的方法对互联网运动式治理进行"质"的方面的分析；另一方面，本书收集了互联网运动式治理中出台的条例、规章、法规和法律等，并对其"改、废、释"等异动情况进行了数据统计，把互联网运动式治理定义在可以理解的范围，并且这些相关研究大多以经验事实为基础，具有鲜明的直接经验特征，研究中所观察的法律、法规、规章、条例及其变动情况的数据在同一条件下具有可证性。在此基础上，本书提出互联网运动式治理的法制输送机制等转型路径，这种以观察具体治理行动为基础提出相关的转型路径和机制的研究方法，历经由定性而定量，再由定量而定性的实证研究过程，有利于验证互联网运动式治理的法治化转型研究中相关理论假设之合理性。

（三）规范研究

本书基于社会学和政治学等学科中相关的运动式治理理论的普遍性原则来分析互联网运动式治理的利弊、特点，并挖掘其价值属性，揭示、批判或确证对互联网运动式治理的肯定评价和否定评价，从逻辑层面分析互联网运动式治理的正面和负面评价如何达成平衡，并对互联网运动式治理进行价值层面的理性再认知和再评价，这种关于互联网运动式治理的价值评判的规范研究有助于检验论文中提出的相关理论命题。

　　三、就创新之处而言，互联网运动式治理的有限研究大多是基于社会学、政治学研究中的既有视角的研究，但实际上互联网运动式治理既有运动式治理的共性，也有其自身的特性，因此本书基于互联网运动式治理的特性，尝试对其中的一些相关问题做出新的思考

　　（一）体现在研究视角和研究内容的创新方面

　　（1）在互联网运动式治理的案例分析中总结了新机制。本书分析了治理中的行政组织关系协调和行政合作架构建立机制；总结了治理过程与权力的互动机制和治理过程与法律的互动机制。

　　（2）在互联网运动式治理的理论分析中提出了新特点。本书分析了互联网运动式治理的过渡性，提出了互联网运动式治理中的行政与法的一致和相悖并存的特点，治理的行政合作机制繁复重叠的特点，运动治理与常态治理时有冲突的复杂的过渡性特点。

　　（3）在互联网运动式治理的困境分析中提出了新观点。本书较为细致地分析了互联网运动式治理的制度困境、治理主体困境和治理客体困境。在分析其制度困境时，探讨了治理的法律价值平衡之难和治理所依据的法律文本缺失及条文模糊所带来的互联网规制困难的问题，尤其在分析其法律价值平衡困境时，提出了互联网运动式治理的安全价值与发展价值失衡之困境、互联网运动式治理的信息自由价值与追求秩序价值失衡之困境、互联网运动式治理的公平和正义价值困境、综合治理中的多种法律价值序列间错位的困境；在分析互联网运动式治理的主体困境时提出其主体构成同质和单一的困局，以及主体内部行政协调不良、行政主体的合法性弱化的困境；在分析互联网运动式治理的客体困境时提出运动式治理所导致的治理客体优势发挥受困、治理客体融合发展受限和主客体间不对称态势加剧的问题。

　　（4）在互联网运动式治理的转型研究中得出了新思路。本书通过深描运动式治理行动的启动，再到行动输送条文和制度，直至所输送的条文和制度反作用于互联网现实的逻辑链条，论证了互联网运动式治理的法制输送机制对互联网运动式治理的法治化转型的重要性；深挖新兴通信技术对互联网运动式治理的法治化转型的反向影响，提出了技术对互联网运动式治理的法治化转型的反向再塑的机制；深思互联网管理部门在治理运动中的治理学习行为，指出了治理学习机制对互联网运动式治理的法治化转型的重要意义。

基于以上内容，建构并论证"运动输送法治"的互联网运动式治理的法治输送机制，指出互联网运动式治理不只是解决互联网问题的权宜做法，它同时也是达成其法治化转型的具有启发性的路径选项。在此基础上，本书认为新和旧不是截然分立的两种状态，要改变以往的以新代旧的替代性转型思路，要通过法制输送、技术再塑和治理学习机制来构建相互连接和循环沟通的一个新陈代谢的体系，建立起新旧连续更迭的过渡性转型思路，从而完成互联网运动式治理的法治化转型的渐进过渡，走稳健务实的转型之路。

（二）体现在研究方法的创新方面

本书在对互联网运动式治理及其法治化转型问题的研究中采取了综合的研究方法：

（1）案例分析与文本细读并举。本书搜集了与全局性的互联网运动式治理行动相关的很多通知文件、政策解读和新闻报道等资料，但仅有这些资料是不够的，本书还对其进行文本细读，深入地搜寻和打捞案例材料中有价值的信息和观点，通过案例分析和文本细读结合的方法对这些案例做深入细致的剖析。

（2）案例分析和实证研究并存。从治理行动的案例分析入手来研究互联网运动式治理可以通过特殊实例寻求互联网运动式治理的共性来得出关于互联网运动式治理的一些结论，同时可以与互联网运动式治理的实际结合紧密，充分显示案例研究的操作性较强的优点，但案例分析的方法也自有其弱势，譬如分析逻辑不够严谨，理论支持不够充分。而实证研究的理性和严谨可以补其不足，因此本论文中把案例分析和实证研究两种方法结合起来分析互联网运动式治理的有关问题，这样既通过理论框架得到理论支持，又具有很强的操作性。

（3）微观"深描"与宏观概括结合。本书用微观"深描"的方法研究互联网运动式治理的内部因素和内部机制，在分析互联网运动式治理实施过程中的各种机制时，对每个细部都进行了深入和细致的挖掘。同时为了平衡微观"深描"方法的琐碎，本书还对一些问题进行了宏观概括。譬如，在对互联网运动式治理的必然性的研究中，既关注引发互联网运动式治理的典型事件等近期因素，也分析了互联网运动式治理产生的文化土壤和历史传统等宏观背景因素。

目 录

第一章
作为行动规制的互联网运动式治理

社交媒体蓬勃发展，改变了人们的沟通交流方式；电子商务方兴未艾，重构了商品交易模式；"微博问政"和"电子政务"快速建设，转变了政府和公民角色……现代通信技术快速发展所引发的互联网"电子革命"提高了沟通、交易和治理的效率，给个人和社会都带来了深刻影响。然而，互联网在带来诸多便利和效率时其负面问题和不良影响也日益显著，如果不能对其加以妥善处理，互联网空间的各要素间关系可能失衡，互联网的发展可能受限，甚至会走向系统性崩溃。频繁出现的互联网运动式治理是应对互联网负面问题的重要方式之一，对相关治理行动的研究非常必要。基于此，本书关注互联网运动式治理的有关问题，认为这是研究互联网治理的一个较好的切入点。

第一节 互联网运动式治理的国内外研究现状

经过多年持续快速发展，互联网已然深深地嵌入现实社会，其所产生的影响早已超越单纯的技术层面而波及社会生活的方方面面。目前互联网所面临的问题更是呈现新老叠加的局面，对互联网的有效治理提出了挑战。相应地，学界对互联网治理领域相关问题的关注和回应也在持续增多。

一、国内的有关研究

互联网治理的相关研究成果丰富，多是关于互联网治理的概念、模式与路径的概括研究，另一些是关于互联网法律、法规和其他规范性法律文件及互联网政策的研究，还有一些是关于互联网治理的正当性和合理范围的研究以及互联网治理的域外经验总结。

（一）关于互联网治理机制和治理模式的研究

关于互联网治理机制和治理模式的研究既有综合性的宏观研究，也有特定领域的微观研究，这些研究散见在相关学者的专著和期刊文章中。

（1）一些学者在专著中对互联网治理模式的相关问题进行了初步研究。主要有：唐守廉在专著《互联网及其治理》中提出互联网治理方式包括网络立法、行政监督、行业自律、网民道德自律和技术控制，并提出互联网治理模型；李永刚在《我们的防火墙——网络时代的表达与监管》中提出互联网内容监管是政府主导下的政策学习过程，是多层级认同协作的互动结果；马骏、殷秦、李海英和朱阁在《中国的互联网治理》中通过系统分析网络设施的治理、网络社区的治理、电子商务的治理、电子政务的治理，提出要从传统的权威管理走向多方参与、以事中和事后监督为重点的互动合作的共同治理模式；黄相怀在《互联网治理的中国经验：如何提高中共网络执政能力》一书中总结了互联网治理的中国经验并提出提高政府网络执政能力的途径；张志安主编的《网络空间法治化——互联网与国家治理年度报告（2015）》一书中关注了互联网治理与互联网立法、国际网络空间与全球治理、互联网治理与网络生态、互联网舆论与媒介融合、网络大数据与公共传播及地方政府网络治理案例研究等方面的文章和研究成果。此外还有一些学者对互联网特定领域的治理和治理创新进行了研究，比如钟瑛、刘瑛的《中国互联网管理与体制创新》，虔祖海的《互联网＋文化——发展纪事与观察思考》，展江、吴薇的《开放与博弈：新媒体语境下的言论界限与司法规制》等。

（2）一些论文中关于互联网治理的概念、治理的正当性、治理的合理范围和治理模式等方面的研究也丰富了互联网治理理论。代表性的研究有：尹建国在《我国网络信息的政府治理机制研究》一文中提出我国网络信息的政府治理既要承认政府治理网络信息的正当性，又要强调政府干预的边界性，采取恰当的"中间型"模式，制定整套具体支撑制度；徐家力在《论网络治理法治化的正当性、路径及建议》一文中提出提升我国网络治理的法治化水平应着眼于规范政府监管，保障行业自律，促进"多元主体共同治理模式"的有效实现；李洪雷在《论互联网的规制体制——在政府规制与自我规制之间》一文中提出互联网法治建设的关键问题之一是建立能够充分发挥政府规制和自我规制各自比较优势的规制体制；胡凌在《网站治理：制度与模式》一文中梳理了国家管理一般网站平台的正式制度、基础架构、各部分之间的分工流程；胡泳在《中国政府对互联网的管制》中分析了在基础设施和内容层面对互联网的全面管制，提出政府用重新集中化的方式应对互联网去中心化的特性；曹海涛在《从打击网络谣言看互联网治理》一文中通过分析打击网络谣言的法律依据不足，打击用力过猛并且程序上存在瑕疵、限制言论自由等问题来探讨互联网治理的原则和方向；郭全在论文《互联网时代的网络谣言治理研究》中提出需要在提高网民媒介素养的基础上多方协同治理，并充分利用新技术来解决网络谣言问题；王璐在《合法性与合理性：关于微博谣言法律规制问题的实证研究》一文中对我国 2011 年"微博"谣言法律规制效果进行实证分析，提出重构"微博"谣言的法律规制，改变其治理不合法、不合理的现状等。这些特定领域的互联网治理实践及理论的具体研究是互联网治理研究中的重要组成部分，它们完善了互联网治理的研究体系。

（3）有一些博士毕业论文力求进一步系统梳理关于互联网治理机制和治理模式的研究。如北京邮电大学经济管理学院博士刘兵的博士论文《关于中国互联网内容管制理论研究》中探讨了互联网内容监管领域的管制概念和模式；还有的论文力求在互联网治理相关问题的研究中开拓新视角，如武汉大学信息管理学院李小宇在博士论文《中国互联网内容监管机制研究》中提出从复杂适应系统的理论出发建立互联网内容复杂适应性监管机制，把监管权适当转交给用户，转换治理主体的被动性，激励和调动用户主体的积极性。

（二）关于互联网法和互联网政策的研究

国内关于互联网法和互联网政策的研究不断深化，相关研究成果很多，截至 2019 年 3 月 21 日，在中国学术期刊网络出版总库上以"互联网法"为主题检索到 26 条结果，其中与互联网法律研究相关的期刊论文 7 篇，博士毕业论文 1 篇，硕士毕业论文 4 篇；以"互联网法律法规"为主题检索到包括期刊论文、硕士毕业论文和博士毕业论文 122 条；以互联网法治为篇名可以搜到各种文献 283 条，以"互联网政策"为主题搜索到相关文献 744 条，篇名含有"互联网政策"的文献有 933 条。其中有代表性的研究总结如下：

（1）关于互联网政策研究的代表性专著有贾丹华的《因特网发展中的公共政策选择》、何精华的《网络空间政府治理》等，从公共政策理论等宏观角度研究了网络秩序、政策法规等问题。

（2）关于互联网法的相关研究的代表性论文有：王利明在《论互联网立法的重点问题》中建议采取互联网专门立法的模式，在互联网安全、互联网侵权、隐私权和个人信息保护、电子商务等问题明显而法律规范不足的领域要制定专门的法律，而不宜制定一部大而无当的互联网法；周汉华在《论互联网法》中提出我国应分层设计互联网法基本结构，在关键信息基础设施层面完善互联网安全立法、电信法，在促进互联网服务提供商的层面要制定电子商务法，在规范互联网信息活动的层面要完善互联网信息服务法、个人信息保护法，在提升政府互联网治理能力的层面建立完善电子政务法；张平在《互联网法律规制的若干问题》中提出互联网立法既要针对互联网发展的特点制定互联网领域的单行法，又要在现有的民法、刑法、知识产权法等部门法中增加针对互联网领域的专门条款，以达到有效进行互联网法律规制的目的；秦绪栋在《网络管制立法研究》中从行政法的角度对互联网管制立法的特点、原则、模式及其发展趋势进行分析，并对我国当前互联网管制立法的缺陷及其成因进行探讨；张新宝、林钟千在《互联网有害信息的依法综合治理》中提出相应的法律、技术、体制是依法综合治理互联网有害信息的基础和保障，具体治理中要鼓励国家、市场、社会等多种主体参与，综合运用民事赔偿、行政处罚、刑事打击等多种法律手段来实现有效治理；胡凌在《论赛博空间的架构及其法律意蕴》中从"架构"理论入手解读互联网法律问题。此外还有刘承韪的《"互联网＋法律"的机遇与挑战》、刘晗的《域名系统、网络主权与互联网治理：历史反思及其当代启示》、王涛的《网络公共言论的法治内涵与合理规制》、张素伦的《网络安全法及其与相关立法的衔接——我国〈网络安全法（草案）〉介评》、徐斌的《视听网站监管的逻辑变迁》、严新龙的《"互联网＋"时代的行政法律规制》、颜晶晶的《中国的互联网立法如何走得更远？——传媒法视野下的思考》、乌静和白淑英的《论我国互联网管制的政策主体与能力提升问题》等文章也从不同角度对互联网法的相关问题进行了探讨。

（三）关于互联网域外治理情况的引介

国内关于互联网治理的研究中有相当一部分是探讨域外各国的互联网治理的经验总结及其对国内互联网治理的启发。

（1）一些专著就互联网域外治理进行了系统研究。例如，马志刚在《中外互联网管理体制研究》中以中、韩、美、英等国的互联网管理实践作为主要研究对象，就各国在互联网管理的学说与原则、互联网基础设施和基础资源、互联网业务应用和服务类型、互联网信息内容、互联网隐私权和数据个人信息保护、互联网著作权和知识产权保护、互联网信息安全管理等方面已经采取的立法、执法、司法、行政等多方面的措施和实践进行比较和分析。

（2）一些论文梳理了国外互联网治理的相关情况并进行深度思考。例如，刘金瑞在《美国网络安全立法近期进展及对我国的启示》中介绍了美国以保护网络关键基础设施为中心，侧重政府和私营部门之间的合作以及网络安全信息共享等推动互联网安全的专门性立法的努力以及美国网络安全立法对我国的启示；胡凌在《"网络中立"在美国》中对"网络中立"的定义与现状、美国政府对"网络中立"的态度、"网络中立"争论的核心问题、相关本质问题等进行了系统分析。此外还有尹建国的《美国网络信息安全治理机制及其对我国之启示》、肖燕雄的《传播科技发展对美国传媒监管之法律政策的影响及其启示》、谢尧雯的《论美国互联网平台责任规制模式》等。这些研究和思考对国内的互联网治理提供了很多启发，对国内互联网治理的原则、理念、模式、法律及法规建设等问题的研究大有促进，同时也对互联网治理实践中很多问题的改善大有裨益。

（四）关于互联网运动式治理的相关研究

互联网运动式治理属于互联网治理研究的一个方面，也从互联网治理的研究成果中得到了很多启发。但是关于互联网运动式治理的专著、论文和报告数量不多，论及互联网运动式治理的有限研究多分散在互联网治理的诸种专著、论文或研究报告中，专门的系统的研究较为不足。

（1）一些相关专著论及互联网运动式治理。如李永刚在《我们的防火墙——网络时代的表达与监管》中有关于互联网专项整治行动的专门分析，介绍了五个互联网专项整治行动的案例，但作者是将其作为互联网内容监管模式研究的一部分看待，互联网专项治理并非主要关注点，书中并未对其加以深入研究张志安主编的《网络空间法治化——互联网与国家治理年度报告（2015）》中收录李彦的题为"互联网二十年：专项治理点与面——国家治理与现代化的视角"的文章，文中界定了互联网专项治理的定义并分析了"网吧"、"网站"、"网风"和"网言"等各有侧重的专项治理行动，从而提出了"由点到面"和"三边互动"的互联网专项治理模型。

（2）一些期刊论文探讨了互联网运动式治理的相关问题。如曹龙虎的《中国网络的运动式治理——"专项整治"研究》是最为系统的一个专门研究，文章梳理了互联网运动式治理的产生、发展和平息的动态过程，分析了互联网运动式治理的合法化策略与限度，并以运动为视角分析了互联网监管中的权力与权利关系。还有一些关于互联网治理的论文中涉及互联网运动式治理的相关问题，但并非专门研究。如胡凌在《网站治理：制度与模式》中从正面分析了网站管理部门"属地化管理"的原则并从反面研究了国家打击不良网站信息的专项治理行动模式；胡泳在《中国政府对互联网的管制》中分析了政府用"重新集中化"应对互联网的"去中心化"，并逐渐创设出某些控制中心，以保持自己的控制力，而社会动员、运动式治理、专项治理可理解为"重新集中化"之努力。另外，一些关于互联网专项治理的案例研究中论及了互联网运动式治理的相关治理原则和治理机制等理论问题，不同研究者还提出了互联网运动式治理的相关理论问题的不同研究视角。如郭栋在《运动式治理、权力内卷化与弥散性惩罚——当前微博规制检视》一文中用吉尔兹的"地方性知识"和"深度描写"等概念和方法来分析运动式微博治理，认为运动式"微博"治理打破常态的法律框架，导致治理权"内卷化"和"弥散性惩罚"；杨志军在《运动治理模式研究：基于三项内容的考察》中论及"网吧专项治理"，认为运动式治理多基于国内某些重大突发事件或一些影响恶劣事件，主要目的是维稳、树立政府形象和建构国家权威；谢金林在《网络空间草根整治运动及其公共治理》一文中认为网络草根政治力量的兴起有利于治理方式的转变，解决官僚制效率低下的问题，政府不能以运动对抗运动，关键是要加强网络立法、依法治网，建构扁平的多中心治理机制，调动各种力量的积极性。总体看来，专门的、深入的和体系化的互联网运动式治理的研究论文较少，现有的有限研究多是透过互联网特定领域的运动式治理实践的视角所做的极为具体的研究，这和政治学和社会学中丰富的运动式治理的理论研究的现状形成鲜明对比。

（3）关于互联网运动式治理的新闻报道和相关评论为互联网运动式治理的实践操作和理论研究提供了很多启发。由于互联网运动式治理常常是在公众舆论和媒体关注下启动的，因此关于互联网运动式治理有很多相关的新闻报道和评论。例如，高福生的《运动式整治网络黄毒不是治本之策》；秦旺、杨胤的《中国网络整风运动：10万网站"断网"》；魏英杰的《运动式手机扫黄能搞多久》；晏扬的《手机扫黄也要有边界意识》；钮东昊编辑的《刘正荣谈淫秽、色情、低俗相关标准界定：整治网络低俗之风完全依法、依规公开进行》；王晓云编辑的《〈人民日报〉评论：把整治低俗之风引向深入》；邓子滨撰写的《对网络世界要谨慎动刑》；王晓易整理和编辑的《博客实名制：网络监管的"济世良方"？》；张笑编辑的《网民献计献策：借助清理网络来净化人们精神世界》；等等，这些报道和评论为互联网运动式治理的实践操作和理论研究提供了很多可资借鉴之处。

综上所述，学界对互联网运动式治理的专门性研究和学理性研究的数量不多，现有的研究或是散见于互联网治理的大研究框架中，或是集中在某一行业、某一狭窄领域的专项治理的个案分析，且多是依托社会学、政治学中关于运动式治理的研究成果所做的迁移研究，因此，关于互联网运动式治理及其法治化转型问题的研究有待于进一步向互联网的特性靠拢，也需要继续补充基于其他视角的系统研究。

二、国外的相关研究

由于互联网运动式治理的中国特色，国外关于互联网的运动式治理的研究不多，与此形成对比的是国外关于互联网治理的其他议题研究颇多。在中国学术期刊网络出版总库和其他外文数据库上篇名含"互联网治理"（Internet Governance）的外文文献很多，其中理论性研究文献中所占比重较大的是关于互联网治理原则和治理模式等问题的探讨，其中一些重要的研究成果总结如下。

（一）关于互联网治理模式的研究

在互联网治理模式方面，Gianpaolo Maria Ruotolo 研究了支持新域名治理项目的一些国际法方面的问题，试图将其与国际法律领域相关问题联系起来；Rolf H. Weber 认为互联网为进行透明的沟通和公开的讨论提供了宝贵的机会，从而加强了有关治理机构与各方之间的信息交流和对话，透明度还有助于动员新的行动者和民间社会的参与并增加技术转让；此外，还有 Hans Klein 的论文"Online Social Movements and Internet Governance"，John Mathiason 的"Internet Governance Wars：The Realists Strike Back"等文章都对互联网治理模式进行了相关研究。

（二）关于互联网安全的研究

在互联网安全方面，Milton Mueller 阐明互联网安全治理与互联网治理之间的关系，探讨当前互联网安全话语主导的问题，并分析改变互联网治理既定问题的处理方式的趋势所产生的影响；Bradley Fidler 通过追踪 20 世纪 70 年代和 80 年代美国早期互联网的设计和管理及互联网安全技术发展，并对互联网早期历史进行分析，探讨了互联网安全治理所面临的新挑战。此外，还有其他较重要的关于互联网安全议题的研究论文也很有启发意义，如 Gupta 和 Samuel 的"A Comprehensive Approach to Internet Governance and Cybersecurity"、Brenden Kuerbis 和 Farzaneh Badiei 的"Mapping the Cybersecurity Institutional Landscape"等。

（三）关于互联网自由表达和内容监管的研究

在互联网自由表达方面，Ben Wagner 分析了美国的内容监管制度和 Facebook 的内容监管制度以了解内容监管过程在公共和私人背景下是如何进行的；关于互联网内容治理的研究分对内和对外两种视角，对内视角是学者对于其本国国内的互联网内容监管研究，例如有从表达自由的角度探讨互联网内容监管的，也有分析公私行为者作为内容调控者的角色问题的，对外视角是国外学者对于本国之外的其他国家的互联网内容治理的研究，其中很多论文涉及我国的互联网内容监管，例如：Di Cui 和 Fang Wu 研究了中国官方媒体话语是如何使其互联网治理合法化的。又例如 Feng Yang 和 Milton Mueller 用内容分析法，探讨了中国互联网治理的政策制定趋势。通过对中国互联网内容治理的研究，不少国外学者认为在威权体制下较多发生严苛的互联网内容监管，其中不少研究者对中国的互联网审核体制进行批评，认为中国政府对互联网的内容管制有悖互联网信息传播自由的原则。由于行政法属于国内公法，与各国国情紧密联系，受不同国情影响极为深刻，因此应该批判性看待这些研究结论，在肯定其建设性观点的同时，也要看到其基于片面的自由主义立场一味诟病中国互联网监管的偏颇之处，认识到其对于中国国情的观察尚有不到之处，对中国互联网内容监管的本质原因和合理性缺乏全面而深刻认识。

（四）关于互联网法的研究

从互联网法律建设方面看，很多学者关注互联网发展带来的新问题。例如，凯斯·桑斯坦（Cass Sunstein）在《网络共和国：网络社会与国家治理》中提出"网络无政府地带"缺乏恰当规制，在《信息乌托邦：众人如何生产知识》中用政府的"信息茧房"概念描述信息过载时政府决策的局限性；劳伦斯·莱斯格（Lawrence Lessig）在《代码：塑造网络空间的法律》一书中从代码角度研究了互联网的规制方式。

（五）互联网技术设施与标准的研究

在互联网基础设施与标准的研究方面，由于国外互联网建设早、发展快，因此其互联网基础设施与标准设置较成熟，相关研究也较多。例如，库巴利加（Jovan Kurbalija）在《互联网治理》一书中探讨了互联网治理过程中所引发的基础设施与标准化问题；Adam Thierer 等在《谁统治网络：互联网治理与管辖》一书中探讨了虚拟空间与现实空间的标准之间的关系；Antonio Ghezzi、Raffaello Balocco 和 Manos Dramitinos 认为未来互联网基础设施的发展需要对互联网互连的基本概念进行重新定义和重大调整，即通过双边网络互连协议将互联网连接在一起；此外，还有 Milton Mueller 的

"Internet Governance：Infrastructure and Institutions"、Corien Prins 的 "Internet Governance：Infrastructure and Institutions" 等也探讨了互联网技术设施与标准的相关问题。

第二节 互联网运动式治理的缘起和发展

我国自 1994 年实现与互联网的全功能连接至今已有三十年，其间互联网从无到有，覆盖面由小至大，发展不可谓不快，成就不可谓不大。在互联网迅猛发展的同时，互联网治理方式也在不断发展变化。从初期的直接移植传统行政管理方式，到后来的常规治理和运动式治理，再到现今的综合治理，经历了不同发展阶段。本书将我国互联网运动式治理的发展历程划分为互联网运动式治理行动起步、互联网运动式治理提速和互联网运动式治理成熟三个阶段，其间互联网运动式治理方式不断深化和扩容。而梳理互联网运动式治理行动的缘起、现状和发展，厘清互联网运动式治理的含义、廓清互联网运动式治理行动对当前行政治理模式的影响，可为进一步研究互联网治理的基础理论问题做好铺垫。

一、行动起步阶段的常规行政管理方式被移植

1994—1999 年被认为是我国互联网发展和治理的起步阶段。在此期间，计算机网络迅速建设和铺开，互联网设施趋于完善，网站数量不断增加，网民数量持续增长，虚拟社区已经形成，使得信息互动和自由交流成为现实，互联网给"地球村村民"赋权，使"电子公民"们可以使用和交换互联网数据，使他们可以打破政府和媒体巨头的信息垄断。在此阶段，互联网体现出很多优于传统媒体之处，而其负面问题和不良社会影响尚未充分显现。互联网治理所针对的问题主要集中在互联网信息系统的安全保密、国际联网标准程序等方面。相关行政管理部门对互联网的管理较多地移植了社会领域的常规行政管理方式来对虚拟空间的问题加以治理，互联网运动式治理零星呈现，尚未被相关行政管理部门大量使用。

二、行动提速阶段的运动式行政监管日见成效

2000 年是互联网发展的转折点，自此互联网开始进入发展快车道。在互联网基础设施和服务建设方面、在网站建设方面、在互联网网络系统建设方面和域名建设及管理方面都取得了长足发展。但是，互联网在快速发展的同时，其诸多乱象也引起公众诟病，亟待互联网管理部门对其实行有效的监管。2000—2003 年间，作为一种有效的行政监管方式，互联网运动式治理开始被频繁运用，互联网运动式治理日见成效，大到国家信息安全问题，小到互联网谣言和互联网欺诈等问题多经由运动式治理方式加以缓解。

在表 1 - 1 所列的重要的互联网运动式治理行动中，有很多"专项治理行动"或者"清理整顿"等称谓，自 2001 年至 2003 年，几乎每年都开展较大规模的互联网运动式治理行动。除 2001 年的互联网上网服务营业场所管理专项整治行动外，2003 年还开展了专门针对盗版软件和"私服""外挂"问题的专项治理行动，反映了当时互联网经营场所管理混乱和经营方式不规范的问题已日益凸显，而这些针对互联网商业经营方面的外显性问题的专项治理行动取得了较好的治理效果，进一步规范了互联网的使用规范和经营秩序。随着互联网不良信息内容增多，互联网监管部门在 2002 年开展打击互联网有害信息专项行动，自此互联网运动式治理开始触及内容治理，并成为后续互联网运动式治理行动的主要任务之一，其已然成为各级互联网监管部门的重要治理方式之一。

表 1 - 1　互联网治理提速阶段的重要互联网运动式治理行动

时间/年	行动名称
2001	互联网上网服务营业场所管理行动（4月3日"网吧"专项清理整顿）
2002	"网吧"治理专项行动
	互联网有害信息专项治理行动
2003	打击盗版软件专项治理行动
	"私服""外挂"专项治理行动

三、行动成熟阶段的运动式行政监管深化扩容

（一）治理模式日趋成熟

在 2004—2007 年间，随着互联网发展向纵深推进，互联网治理也不断深化，互联网运动式治理被更加频繁地应用到互联网行政监管中。在日益频繁的互联网治理运动中，互联网治理主体开始从治理实践中总结利弊得失，互联网运动式治理模式趋于成熟。

1. 互联网运动式治理对象日益多样化

随着互联网负面问题不断衍生和日趋复杂，互联网运动式治理所针对的内容也变得极为广泛，其治理对象日益多样化，显示出互联网治理主体通过不断的专项整顿，基本做到了"抓大不放小"的较为全面的治理。从表 1-2 中所列的此阶段主要的互联网运动式治理行动涉及的治理内容可见，互联网运动式治理的对象变得很多样：小到垃圾电子邮件、网络游戏的专项治理，大到违法互联网网站的治理等。

2. 互联网运动式治理日益常态化

互联网运动式治理正在不断地把治理行动中有效的治理措施和成功治理经验常态化，而治理的显著效果也强化了其治理的常态化发展趋势。从表 1-2 中还可以看到，从 2004 年至 2007 年期间，每年都开展针对不同对象的互联网运动式治理行动。一方面，这些治理运动持续关注互联网空间的一些老问题。例如，对"网吧"等互联网上网服务经营场所几乎每年都开展专项治理行动；针对互联网空间淫秽色情内容和低俗内容的"净网行动"自 2005 年首次开展后，每年开展并持续经年，其治理行动体现出常态化趋势；对于互联网谣言、互联网敲诈、有偿"删帖"等一些互联网"痼疾"，相关管理部门也陆续开展了"护苗行动""清朗行动"，呈现出"反复抓、抓反复"的连续治理态势。另一方面，互联网运动式治理对互联网新问题的有效治理也进行了探索，如 2005 年的高校"BBS"实名制尝试持续多年，努力形成长效工作机制。

3. 互联网运动式治理手段日益多元化

在这些互联网运动式治理行动中，有刚性的外部约束性治理行动，如 2005 年的"净网"行动和 2007 年的"依法打击互联网淫秽色情专项行动"等。其中也有柔性的内部倡导性治理行动，如 2006 年开展的"文明自律办

网站行动"，旨在倡导互联网网站经营者"文明办网"，并鼓励互联网使用者"文明上网"。

表1-2 互联网治理深化阶段的重要互联网运动式治理行动

时间/年	行动名称
2004	违法网站打击与举报行动
	垃圾电子邮件专项治理行动
	网吧等互联网上网服务营业场所专项整治行动
2004—2005	互联网清理整顿
2005	高校 BBS 实名制行动
	"净网"行动（2005 年开始每年开展）
2006	文明自律办网站活动
2007	依法打击互联网淫秽色情专项行动
	进一步加强网吧及网络游戏管理工作

（二）治理行动扩容深化

可见，自 2008 年至今，互联网运动式治理不断走向扩容和深化，其深度和广度持续拓展，治理行动比之前更显频繁，其治理对象也更繁多，其治理内容也更庞杂。体现在四个方面：

1. 互联网运动式治理频次增多

它在互联网治理实践中起到越来越重要的作用：每年都开展全局性的互联网运动式治理行动，并且频率不断增加，在有的年份，所开展的全局性的互联网运动式治理甚至达到多次。表 1-3 中可见相关例子，如 2015 年的互联网专项治理行动中有对婚恋网站违规失信行为的专项治理，还有对重要微信公众号和电话"黑卡"的打击和治理等。另外，还由国家网信办统筹开展"净网 2015""固边 2015""清源 2015""秋风 2015""护苗 2015"等五个专项行动。

2. 互联网运动式治理内容深化和拓展，几乎覆盖互联网空间的方方面面

从表 1-3 中还可以看到，为了有效治理互联网低俗内容，相关互联网管理部门分别于 2008 年和 2009 年开展了"依法打击整治互联网淫秽色情等有害信息专项行动"和"反低俗之风专项行动"；为了进一步巩固和拓展治

理效果，又于 2009 年至 2010 年开展了整治互联网和手机媒体淫秽色情内容的"反低俗之风"行动；2012 年再次集中整治利用互联网、手机媒体传播淫秽色情内容和低俗信息的行动，且将治理范围扩展到对互联网犯罪活动的治理；2013 年的"净网"行动中对互联网谣言的专项整治卓有成效，是对此前的互联网有害信息的治理行动的延伸；2014 年对网络"盗号"、网络恶意程序和网络"暴恐影音"视频开展了专项治理行动。

3. 互联网运动式治理目标不断细化

例如表 1−3 中的 2016 年 7 月 28 日至 10 月底的互联网直播平台专项整治行动中，全国公安机关网络安全部门并非只大而化之地对少数典型的网络直播平台进行整顿，还深入细致地整治了许多被群众举报、网民反映较多和被网络曝光的网络直播平台；又例如，2022 年清朗系列专项行动中，全国公安机关持续全力打击黑客类违法犯罪；① 2023 年"清朗"系列专项行动聚焦"自媒体"乱象、网络水军操纵信息内容、规范重点流量环节网络传播秩序等问题开展整治。② 随着互联网治理管理部门的治理经验的积累，其新媒体素养不断提升，其治理技术也不断娴熟，互联网管理部门回应民意更加主动、更加快速，其互联网治理的目标也变得更加具体、细致而有针对性。

4. 互联网运动式治理主体趋于多中心化

法治社会的一个好政府的要素被认为主要包括"透明（transparency）、责任（accountability）、回应（responsiveness）"，其中的关键便是电子公众的参与。此种"电子公众"的参与在互联网运动式治理中也越来越多。如表 1−3 中的 2016 年 7 月 28 日至 10 月底的互联网直播平台专项整治行动，是公安机关网络安全部门的"政企合作、群防群治"的多方联合共治的案例。另外，也要关注互联网监管部门和互联网平台的合作治理案例，随着大数据技术的发展和应用，政府不仅从理论上而且从实践上都可以实现与企业、技术研发单位等不同组织的合作，共同进行互联网治理。例如，国务院打击电信网络新型违法犯罪部际联席会议办公室与阿里巴巴集团联合

---

① 2022 网络清朗行动 聚焦十个方面重点任务 开展网络环境整治．［EB/OL］．（2024−03−21）［2024−06−21］．https：//m．thepaper．cn/baijiahao_18709417．

② 2023 年"清朗"系列专项行动重拳整治 9 大网络生态突出问题［EB/OL］．（2023−03−28）［2024−06−21］．https：//www．foshannews．net/h/192/20230328/599109_m．html．

开发"钱盾"反诈骗平台,"阿里神盾局"与浙江绍兴公安局合作查处最大"盗号"软件平台,腾讯与公安部刑侦局合作开发"鹰眼"系统和"麒麟"系统,等等,显示出大数据技术时代互联网治理体系的开放化正在促进互联网监管部门不断吸纳公众参与互联网治理,并促进一种多元主体的互联网治理模式的形成,① 也显示出互联网运动式治理没有停留在被动回应民意的阶段,而是进一步探索治理模式的创新和转型,其社会参与度高越来越高,互联网运动式治理的多主体治理、多元化治理和多中心协同治理模式正在不断形成。

表 1-3 互联网治理的扩容阶段的互联网运动式治理的重要行动

时间/年	行动名称
2008	依法打击整治网络淫秽色情等有害信息专项行动
2009	反低俗之风专项行动
2009—2010	进一步整治互联网和手机媒体淫秽色情内容和低俗之风
2011	整治非法网络公关行为专项行动、净化网络环境专项行动("净网"行动)、全国互联网上网服务营业场所专项整顿清理工作
2012	打击整治网络违法犯罪专项行动,集中整治利用互联网、手机媒体传播淫秽色情内容和低俗信息
2013	"净网"行动、反网络谣言行动
2014	反网络视频低俗化运动、打击网络盗号为主的专项治理行动、治理移动互联网恶意程序专项行动、打击网络暴恐影音视频专项行动
2015	婚恋网站严重违规失信专项整治、整治微信公众号行动、电话黑卡治理专项行动、国家网信办统筹开展"净网 2015""固边 2015""清源 2015""秋风 2015""护苗 2015"等五个专项行动
2016	全国政府网站抽查、"护苗 2016"专项行动、"剑网 2016"专项行动、"清朗"系列行动、互联网金融风险专项整治行动、网址导航网站专项治理、网络直播平台专项整治
2017	工商总局网络市场监管专项行动、全国"扫黄打非"办公室领导组织"扫黄打非"部门组织开展"净网 2017""护苗 2017""秋风 2017"等专项行动

---

① 詹婧. 2016 互联网治理舆情年度回顾 呈现四大新特点 [EB/OL]. (2017-01-16)[2024-06-21]. https://www. sohu. com/a/124420271_ 108893.

（续表）

时间/年	行动名称
2018	"净网"行动
2019	未成年人保护；网络生态专项治理；App违法违规收集使用个人信息专项治理；"净网2019"
2020	国家网信办"清朗"专项行动（约谈凤凰网、百度、新浪微博、虎牙、斗鱼等10家直播平台）、"学而思网校"、网络直播行业专项整治行动；"剑网2020"专项行动、2020"清朗"未成年人暑期网络环境专项整治、2020年App违法违规收集使用个人信息治理工作、加强"自媒体"基础管理专项治理行动、涉未成年人网课平台专项整治、未成年人网络环境专项治理行动、移动应用程序信息内容乱象专项整治等
2021	网络"清朗"系列专项行动（整治网上历史虚无主义；整治春节期间网络环境，打击网络水军、流量造假、黑公关，治理算法滥用行为，整治未成年人网络环境；整治网上文娱及热点排行乱象，规范网站账号运营；整治PUSH弹窗突出问题等）
2022	"清朗"系列专项行动（"清朗·打击网络直播、短视频领域乱象"专项行动；"清朗·MCN机构信息内容乱象整治"专项行动；"清朗·打击网络谣言"专项行动；"清朗·2022年暑期未成年人网络环境整治"专项行动；"清朗·整治应用程序信息服务乱象"专项行动；"清朗·规范网络传播秩序"专项行动；"清朗·2022年算法综合治理"专项行动；"清朗·2022年春节网络环境整治"专项行动；"清朗·打击流量造假、黑公关、网络水军"专项行动；"清朗·互联网用户账号运营专项整治行动"）
2023	"清朗"系列专项行动（"清朗·从严整治'自媒体'乱象"专项行动、"清朗·打击网络水军操纵信息内容"专项行动、"清朗·规范重点流量环节网络传播秩序"专项行动、"清朗·优化营商网络环境保护企业合法权益"专项行动、"清朗·生活服务类平台信息内容整治"专项行动、"清朗·整治短视频信息内容导向不良问题"专项行动、"清朗·2023年暑期未成年人网络环境整治"专项行动、"清朗·网络戾气整治"专项行动、"清朗·2023年春节网络环境整治"专项行动）

第三节　互联网运动式治理的行动成效及评价

互联网运动式治理的评价是对于互联网运动式治理实践的一种深入思考和总结，鉴于近年来互联网运动式治理中的一些新趋势不断被挖掘，基于互联网运动式治理的正向治理结果和负向治理结果消长变化，应对其进行全面系统的重新审视。

一、互联网运动式治理的有效性及正面评价

（一）互联网运动式治理的有效性

从短期和中期来看，互联网运动式治理有较为显著的治理效果，主要体现在以下方面：

（1）那些引发互联网运动式治理的相关事件或问题得以解决。

（2）互联网运动式治理促使全局行动有效开展。在互联网治理运动中，解决单一事件或具体问题只是治理的切入点，治理运动通常不局限于个别问题的解决，常常推进、扩展和深化，以期治理相关的行业顽疾或社会积弊。以此为契机，有关监管者最终扩大治理行动的覆盖面，有效解决长期积累的相关问题并有力清除其负面影响。

以表1-4中的治理行动为例，2002年"网吧"专项治理行动中，"蓝极速"网吧大火发生于6月16日，7月1日起不仅迅速查处了违规经营网吧行为，更重要的是处理违反规定的不健康内容，关停有问题网吧，重新审批核准大量网吧，加强了网吧接入服务检查，还侦破了利用网吧从事违法犯罪活动的案件，全面遏制了互联网上网经营场所的混乱势头。再如2004年违法网站与举报行动，6月10日"违法和不良信息举报中心"网站开通，11月9日开始对互联网有害信息和违法网站进行了大范围的"拉网式""地毯式"排查和清除，各级公安机关也在全国范围内侦破多起淫秽网站方面的刑事案件。

（3）互联网运动式治理的显著治理效果有助于回应公众期望并维护互

联网空间秩序，由此也有助于缓解互联网治理主体的治理压力和合法性焦虑，成为互联网监管部门运用较多的治理方式之一。

表1-4 重要的互联网运动式治理行动的结果

时间/年	行动名称	行动结果
2002	"网吧"治理专项行动	查处违规经营，改善消防安全，加强接入服务检查，处理违反规定的不健康内容，整顿审批和监管，遏制混乱势头
2004	违法网站打击与举报行动	关闭色情网站、赌博或诈骗网站，删除违法信息，对很多主机托管服务用户和互联网介入、虚拟空间出租服务用户进行了资质审查和清理整顿
2005	高校BBS实名制行动	运用技术、行政和法律的手段，切实加强校园网管理，严防各种有害信息在网上传播；加强网络信息工作队伍建设，培养和建设一支专兼结合的网络信息工作队伍，进一步加强对网络工作的领导
2006	文明自律办网站活动	清扫"网络垃圾"，删除"博骂"文字，封堵垃圾邮件，净化网络环境
2009	反低俗之风专项行动	集中清理整治网上低俗内容，规范互联网信息传播秩序，使网络环境得到改善净化、网上低俗之风得到有效遏制
2013	反网络谣言行动	对编造谣言者依法予以拘留，对传播相关谣言人员进行了教育训诫；国家互联网信息办公室依法查处一批传播谣言的互联网站，维护互联网健康环境
2014	反网络视频低俗化运动	清理"淫秽色情""暴力恐怖""虚假谣言"等视频信息，整顿网络硬盘，智能手机下载服务，整顿微博、博客、论坛、微信等互动环节分享的相关视频链接，整顿无视听服务资质、未备案的网站、互联网电视等
2015	"净网2015""清源2015""固边2015""秋风2015""护苗2015"	依法约谈违法违规网站820余家1000余次，依法取消违法违规网站许可或备案、依法关闭严重违法违规网站4977家，有关网站依法关闭各类违法违规账号226万多个

（续表）

时间/年	行动名称	行动结果
2016	"清朗"系列专项行动	累计关闭传播淫秽色情、虚假谣言、暴力血腥等违法违规账号 104.5 万个、空间和群组 129 万个，约谈账号持有人 600 余次，约谈网站近 500 家，关闭违法违规网站 2000 余个，查办相关案件 7.3 万余件，罚没款 9529 万元，抓获涉电信网络诈骗、传播"黄赌毒"、散布恶性谣言、侵犯公民个人信息等犯罪嫌疑人 1.7 万余名，对网络空间各类违法违规行为形成持续有力的震慑
2017	"净网 2017"	将打击直播平台传播淫秽色情信息行为作为重点任务，集中开展违法违规网络直播平台专项整治，除北京、江苏等地行政处罚关闭夜魅社区、微笑直播等一批"涉黄"直播平台外，广东、浙江、江苏、北京、山东、福建等地对"LOLO""馒头""老虎""蜜直播"等 10 多个传播淫秽色情信息的网络直播平台进行了刑事立案侦查
2018	"净网行动"	各级公安机关办理各类行政案件 9200 余起，关停或暂停服务网站 3400 余家，对百度、新浪微博、优酷等违法信息突出的 1000 余家网站予以行政罚款处罚。开展电商、网络游戏、网络直播、网络短视频等服务专项检查，关停网店 32 万余家，关停违法主播账号 1000 余个和违法直播间 67 万余个，依法打击传播淫秽色情、血腥暴力等违法 App 5400 余款
2019	网络生态治理专项行动	对各类网站、移动客户端、论坛贴吧、即时通信工具、直播平台等重点环节中的淫秽色情、低俗庸俗、暴力血腥、恐怖惊悚、赌博诈骗、网络谣言、封建迷信、谩骂恶搞、威胁恐吓、标题党、仇恨煽动、传播不良生活方式和不良流行文化等 12 类负面有害信息进行整治，有效遏制有害信息反弹、反复势头

（续表）

时间/年	行动名称	行动结果
2020	"清朗"专项行动	主要网站平台共清理各类违法违规信息603万条，处置违法违规账号559万个，冻结"僵尸"账号92.8万个，处置百万粉丝以上账号169个；从应用商店移出无新闻服务资质应用程序7.2万款；依法处置违法违规直播平台338款，关闭主播直播间7.4万个，封禁违规主播账号10.5万个，处置违规"吃播"账号1.36万个；累计暂停更新相关版块功能网站99家，会同电信主管部门取消违法网站许可或备案、关闭违法网站13942家；有关网站平台依据用户服务协议关闭各类违法违规账号578万余个
2021	"清朗"系列专项行动	处置账号13.4亿个、封禁主播7200余名，整治网上历史虚无主义，整治春节网络环境，治理算法滥用，打击网络水军、流量造假、黑公关，整治未成年人网络环境，整治PUSH弹窗新闻信息突出问题，规范网站账号运营，整治网上文娱及热点排行乱象
2022	"清朗"系列专项行动	清理违法和不良信息200多亿条，账号近14亿个，组织开展13项"清朗"专项行动，累计清理违法和不良信息5430余万条，处置账号680余万个，下架App、小程序2890余款，解散关闭群组、贴吧等26万个，关闭网站超过7300家，有力维护网民合法权益
2023	"清朗"系列专项行动	破解"自媒体"信息内容失真、运营行为失度等深层次问题；全面清理网络水军违法违规信息，打掉水军容易聚集的群组和版块，坚决阻断招募引流渠道；全面清理违规采编、违规转载、炮制虚假新闻等典型扰乱网络传播秩序信息，全面排查处置仿冒"新闻主播"等违规账号；强化存量信息处置，指导网站平台集中开展信息内容和账号排查，及时处置已被认定为谣言、涉企业家个人隐私和显性的侵权信息，达成加强搜索联想词管理，对于问题突出的账号进行处置处罚等成效

（二）基于互联网运动式治理有效性的正面评价

基于治理的有效性，社会和学界对互联网运动式治理存在着肯定的评价，因为这些评价看到了互联网运动式治理中所蕴含的民主意蕴。以各地都在努力构建的互联网运动式治理中的群防群治机制的评价为例，20 世纪60 年代初，浙江省诸暨枫桥镇曾经创造了"发动和依靠群众，坚持矛盾不上交，就地解决"的机制，为此，1963 年毛泽东曾批示"要各地仿效，经过试点，推广去做"。时代在变，"枫桥经验"也在不断"升级"。如今已经蜕变为电商聚集地的浙江，也希望用网络新"枫桥经验"来让打击"网络黑灰产"的行动更加有效，针对网络治理提出了"群防群治"的思路，探索社会综合治理新模式。事实上，行政监管部门对"群防群治"机制有诸多类似实践探索。① 这种"群防群治"机制有赖于公众参与，如果从依靠社会各方联合治理来实现预期的治理目标的角度看，它类似于一种通过运动式治理模式的"大民主"的方式来达成有效治理，从而追求一种实质性民主，则可以看到其中的一种"运动中的民主"。冯志峰认为从政府行为的相对性出发，可将运动式治理模式看作是一种"大民主"的方式，它以治理的有效性来追求民主的实质性效果，是一种"运动中的民主"，而互联网运动式治理是运动式治理在互联网空间中的典型体现，也体现出这种民主意蕴。② 这种评价看到了互联网运动式治理中的"群防群治"机制的民主意蕴，是对互联网运动式治理的内在治理机制的一种肯定。

二、互联网运动式治理的失效与负面评价

随着现代通信技术飞速发展和互联网新问题层出不穷，互联网运动式治理应对乏力，显现不少负向效果，导致出现一些负面评价，但尚缺乏对其的全面表达和分析。本书将其系统总结和分析如下：

（一）互联网运动式治理的负向结果

1. 互联网运动式治理的行政效率低

一方面，互联网运动式治理的行政投入攀高。由于互联网问题的复杂

---

① 申鹏. 探索网络群防群治的新"枫桥经验"［EB/OL］.（2017 – 12 – 24）［2024 – 06 – 21］. https：//www. sohu. com/a/212382964_ 161795.

② 冯志峰. 中国政治民主化路径研究述评：基于运动式治理与政治民主化进程互动关系的观察［J］. 中共宁波市委党校学报，2010（5）：42.

多元单靠某个互联网管理部门无法做到，需要众多互联网管理的权力部门协同合作，因而，当前互联网运动式治理的共识性合作的组织架构是所有相关互联网管理部门全部参与运动式治理行动，由参与治理的某一个主管部门或某几个部门牵头，在基本遵循"归口管理"的前提下，多个相关部门共同治理，周边管理部门提供协助。互联网发展初期网站数量不大，互联网问题单一，各部门分工合作处理日常互联网管理事宜的这种架构基本可以有效处理互联网常规管理工作。① 但随着互联网的问题日趋复杂，其所涉及的互联网监管部门比互联网发展早期显著增多，虽然多部门联动治理的合作架构一定程度上充当了互联网管理部门间的合作机制，协调了参与互联网管理的各部门间的责权模糊和条块分割的问题，但参与治理的权力部门数量激增导致部门的权责更加交错，需要调度更多组织资源和投入更高代价进行部门间协调，其组织和协调成本必然日益攀高。

而另一方面，互联网管理部门的治理行动是阶段性开展，不会也不可能永久持续，治理中暂时被解决的问题反复出现，甚至不断恶化，互联网问题产生的深层逻辑未被改变，根本性问题没能被解决，导致治理的效果经常发生反弹，因而互联网运动式治理在行政投入攀升的同时其行政产出不断走低。

2. 互联网运动式治理的内卷化趋势显著

"内卷化"（involution），最早是美国人类学家亚历山大·戈登威泽（Alexander Goldenweiser）提出的，他用这一概念描述当一种文化模式达到了某种最终形态以后既无法稳定化，也无法自我更新的状态，只在自身内部日趋复杂化和精细化，呈现不断内卷化的趋势。吉尔茨（Clifford Geertz）借鉴戈登威泽的概念来描述事物由于内部细节过分精细而无法向外部延展，使其形态本身获得刚性的状态。②

"内卷化"的概念也被国内社会科学领域借鉴，用来描述事物或制度发展过程中的转型困难。互联网运动式治理日益凸显的一个弊端就是在快速

---

① 胡凌. 网站管理：制度与模式 [J]. 北大法律评论，2009（10）：479.

② Geertz, C. Agriculture Involution：the Process of Ecological Change in Indonesia [M]. Berkeley, Calif.：University of California Press，1963：82.

有效达成治理效果的背后是治理运动归于平静后的新一轮周期的酝酿和重启，久而久之极易导致治理对象的侥幸心理和"抗药性"，为了获取预期治理效果只能不断加大治理力度，造成互联网治理运动的升级和泛化，反而会导致互联网问题复杂化并衍生出更多新问题，使得解决这些问题的进程变得更加缓慢和艰巨。因而互联网运动式治理存在低效反复和内部锁死的内卷化倾向，且在短期难以找到转化升级的路径来生成更适应现今互联网发展的模式。①

（二）基于治理负面结果的负向价值评价

随着互联网运动式治理的频繁启动和治理弊端日益明显，学界和公众对互联网运动式治理的评价有不少否定的声音，但也都比较浅层和零散。笔者在此对这些负面评价给予系统和深入的总结和分析。

1. 互联网运动式治理多有违背行政法律法规之处

作为规制的互联网运动式治理，大多依据相关法规而行，然而，其通过治理有效性积累治理合法性的内在逻辑是始终没变的，② 这导致了互联网运动式治理常不惜以突破法治来换取预期的治理效果。对运动式治理的否定评价有"执法不法""管理缺理"等否定评价，本书将上述评价引入互联网运动式治理的否定评价中并且补充基于其他角度的否定评价。

（1）参与互联网运动式治理的相关监管主体为了灵活处理突发情况，会过度行使自由裁量权，在便利行事的同时，治理主体对治理对象的惩治依据常常偏离互联网法规，甚至在执法过程中把临时政策异化为法律来执行。③

（2）互联网运动式治理时有违背行政法律程序的现象。而行政法律程序是约束适用法律者的权力的重要机制，是进行理性选择的有效措施，是法律适用结论妥当性的前提，要求互联网监管主体遵循法定的时限和时序，

---

① 郭栋. 运动式治理、权力内卷化与弥散性惩罚：当前微博规制检视 [J]. 国际新闻界，2013（12）：123–131.

② 林尚立. 在有效性中累积合法性：中国政治发展的路径选择 [J]. 复旦学报（社会科学版），2009（2）：46.

③ 冯志峰. 中国政府治理模式的发展：从运动中的民主到民主中的运动 [J]. 领导科学，2010（2）：16.

并按照相关法律法规规定的方式和关系进行法律行为。由于历史和现实的原因，我国目前的互联网立法层级普遍较低，基本法律不完备，互联网行政管理的程序法更是有很多欠缺。互联网监管主体客观上也缺乏完备可行的程序法规和有条不紊的秩序条件。同时，互联网监管主体主观上的程序意识也不强，缺乏对程序所造成的某种心理状态的无意识的服从，这两方面原因都导致互联网监管主体无法通过程序上的时间、空间要素来克服和防止法律行为的随意性与随机性，其法律行为会偏离一定的法律指向和标准，导致互联网运动式治理主体的治理行为常会逾越法律程序。

例如，2009 年 11 月，打击手机涉黄网站引发大规模互联网整治行动，先是关闭清理 BT 下载类网站，然后采取"一刀切"手段针对所有网站进行检查，部分省市的 IDC 机房为了排查违规网站，直接全部断网清查，很多合法网站受到直接影响。① 这些都对规范治理对象的行为无益，对培养公众法治意识有害，对提升治理主体的治理能力和维护其法律权威都有碍，不仅不能增加互联网运动式治理的合法性资源，反而损耗了其合法性资源，由此，互联网运动式治理被认为与法治精神背道而驰。

（3）互联网运动式治理的"法治逾越"现象危害较大。互联网运动式治理具有强烈的结果导向，这使治理主体过于注重追求治理效果而牺牲法治原则。法治的公平公正受到质疑，逐渐背离互联网治理主体的治理初衷，也难以避免对互联网治理客体的侵权，容易造成公众对法律的漠视与不信任，它也呈现出对法律的长期的、大范围的权宜使用，反复的运动式治理对法治产生了循环性消耗和冲蚀，长此以往最终严重伤害互联网法治。②

2. 互联网运动式治理无助于行政法律制度建设

制度化是对未来理想和应然制度的期许，对制度建设提出的实际要求往往是改革型的、试验性的和探索性的。制度化所追求的是通过不断的制度建设实践来寻找可以趋向成熟和定型的制度体系。③ 互联网运动式治理因

---

① 任思强. 网络整风大规模验"证" 10 余万网站关停［EB/OL］.（2009 - 12 - 30）［2024 - 06 - 21］. http：//finance. sina. com. cn/g/20091230/04467173084. shtml.

② 王丽娜，肖燕雄. 自媒体发展与政府运动式治理转型［J］. 新闻界，2016（16）：39.

③ 莫纪宏. 从制度、制度化到制度体系构建：制度发展的内在逻辑［J］. 西北大学学报（哲学社会科学版），2020（5）：98.

其行动迅速、效果明显而成为我国政府互联网治理的政策工具中的重要选项之一，但它与互联网法律监督、互联网技术监管等常规治理措施在治理逻辑上有所不同，互联网运动式治理终归是一种非制度化的治理方式。①

由于历史和现实原因，互联网治理领域长期缺乏健全的、正式的治理制度，互联网运动式治理作为治理主体熟悉和惯用的治理手段，同时也因为其确有治理效果，成为互联网管理部门应对互联网问题的一种不坏的治理选择，但也导致了治理主体对互联网运动式治理的过度依赖，从而对于互联网运动式治理呈现出的治理时间上的短期性和治理模式上的运动性等弊端重视不够，对于治理行动中暴露出来的问题背后的制度建设也无暇关注，因而探索互联网的长效治理机制长期未能成为互联网管理部门的工作重心。

由于治理主体追求的是快速解决问题，在达到行动预先设定的目标后通常就会中止治理过程，即便在治理运动中已经提出的制度设想或者得以初创的制度也缺乏后续支持，没能被充分完善并正式纳入互联网治理制度体系建设中。这可以看作是一种互联网治理领域的"资源诅咒"，其原本指的是自然资源丰富的国家，由于过度依赖自然资源而挤出了其他生产性组织或经济活动，从长期看，反而导致经济结构失衡，经济增长变慢，制度建设也更为落后。

本书借用"资源诅咒"指代在互联网运动式治理中对现行有效的治理资源过度依赖而阻滞其制度创新转型的情况。也就是说，由于互联网运动式治理见效快和操作方便等优势，造成互联网治理部门对其过度使用，并有一种安全错觉，减弱了互联网治理部门对互联网运动式治理方式的改善热情和制度建设动力，最终导致互联网长效管理制度建设严重滞后。因此，很多学者认为互联网运动式治理不利于形成长效的互联网治理机制，无助于互联网制度建设。

3. 互联网运动式治理存在行政法律侵权的现象

在"依法行政"的类型下，立法以保障国民的权利和自由为本位。② 在

---

① 曹龙虎. 中国网络的运动式治理："专项整治"研究 [J]. 二十一世纪（双月刊），2013（6）：96.

② 江必新. 行政法制的基本类型 [M]. 北京：北京大学出版社，2005：108.

"依法治网"的原则下，互联网治理也应以保障网民的权利和自由为本位。而互联网运动式治理作为一种动员性的治理方式，其基本逻辑是相关互联网监管机构等权力部门凭借强制权力持续介入互联网空间，唯此才能冲破不断积累的问题带来的重重治理障碍并达到较好的治理效果。但运动式治理中的强力规制常常是权力部门在政策的执行的过程中持续扩充自己权力的过程，常演变为权力在互联网空间的过度扩张，容易走向侵犯公民权利的危险方向。

例如，对互联网内容的不当监管，常侵犯公民的言论自由和隐私权等权利，对互联网经营场所和互联网基础设施治理中的某些极端做法往往以牺牲效率原则来追求秩序，也会侵犯互联网运营商和互联网经营者的相关合法经营的权利。又例如，在"微博"运动式治理行动中，合法与非法的媒介使用行为缺乏一个法定的、公开的标准，人人几乎都可能成为非正式惩罚的对象，即不仅违法、违规者会受到惩罚，守法者也会被殃及，而很多治理手段，如"删帖""封号"等惩罚行为也常会泛滥，更有甚者公器私用，尤其是当微博被用作舆论监督的工具时，曾出现过微博转发者所受到的惩罚比始作俑者还严重的情形。①

因此，需要深入研究互联网运动式治理的侵权问题，才能进一步探索并构建一种根植于法律制度构架的规范治理，从而更好地实现互联网监管中权力和权利的清晰界定，实现防止政府权力过度扩张和保护公民权利的双重目标。

总之，互联网运动式治理被认为对互联网问题的纠偏时常失效，互联网运动式治理是阶段性治理无助于制度建设，互联网"运动式维稳"的效果常常不如预期，互联网运动式治理中的执法方式有诸多违背法律和程序的现象，可以看到互联网运动式治理仍然有很多违背现代治理理论之处，其治理理念显得滞后，亟待创新，而且互联网运动式治理中仍然存在侵犯网民权利的事实，由于上述这些治理弊端，导致对互联网运动式治理产生负面评价，有些评价显得偏颇、极端，甚至走向全盘否定的极端。

---

① 郭栋. 运动式治理、权力内卷化与弥散性惩罚：当前微博规制检视 [J]. 国际新闻界，2013（12）：129.

三、互联网运动治理的必然性与客观再评价

（一）互联网运动式治理的内在必然性

1. 运动式监管的行政路径依赖

要看到互联网运动式治理的惯性和路径依赖是互联网运动式治理启动并长期存在的重要因素。以表1-5中所列举的治理行动起因为例，其中不少互联网运动式治理行动，诸如，2013年"反网络谣言行动"、2014年"反网络视频低俗化行动"等，都是互联网监管部门为应对极端事件、回应媒体和公众而被动开展的，并非其主动地启动某种预警机制或者按照事先确定好的治理日程进行的。这种运动式治理思维和偏好是不断被外部环境形塑的：互联网运动式治理的有效性为互联网管理部门积累了治理合法性，反过来刺激了启动新一轮运动式治理的更大冲动，形成了互联网运动式治理的强化循环，这种治理的强化循环被互联网监管部门持续内化，造成了互联网监管部门在互联网运动式治理方式上的惯性和路径依赖，而且这种惯有的运动式治理的思维方式和政策偏好绵延至今，深深影响了互联网管理部门的治理模式，是互联网运动式治理产生的重要内部因素。

表1-5 主要互联网运动式治理行动的起因

时间/年	治理行动名称	引发事件或背景
2002	"网吧"治理专项行动	无证经营的"蓝极速"网吧恶性火灾
2004	违法网站打击与举报行动	网络色情淫秽内容泛滥，"违法和不良信息举报中心"网站开通
2005	高校BBS实名制行动	9月13日，北京大学"一塌糊涂"BBS因刊载不良政治信息被突然关闭
2006	文明自律办网站活动	信息产业部"阳光绿色网络工程"，李长春、刘云山有关网络文明之风建设讲话
2009	反低俗之风专项行动	一些网站钻政策法规空子，以多种形式发布格调低下、内容粗俗甚至低级下流信息，严重败坏网上风气
2013	反网络谣言行动	根据群众举报，打掉传谣并非法牟利的网络推手公司——北京尔玛互动营销策划有限公司，抓获秦志晖（网名"秦火火"）和杨秀宇（网名"立二拆四"）

（续表）

时间/年	治理行动名称	引发事件或背景
2014	反网络视频低俗化行动（"净网"行动）	网络应用不断扩大，通过网络视频传播淫秽色情、暴力恐怖、虚假谣言等有害信息的现象凸显
2015	"净网2015""清源2015""固边2015""秋风2015""护苗2015"	新闻网站、微博、微信、搜索引擎、论坛、贴吧等各环节存在突出问题
2016	"清朗"系列专项行动	群众反映强烈的网络违法违规问题亟待解决；网络乱象滋生蔓延需要集中力量解决
2017	"净网2017"	重点领域、重点部位存在的淫秽色情信息、非法有害少儿出版物及"三假"等突出问题
2018	"净网行动"	针对网上各类违法犯罪信息突出，网络黑市黑产猖獗，网络诈骗、色情、赌博及侵犯公民个人信息等违法犯罪案件高发等情况，公安部部署开展打击整治网络违法犯罪专项行动
2019	网络生态治理专项行动	旨在有效遏制有害信息反弹、反复势头，促进网络生态空间更加清朗
2020	"清朗"专项行动	色情低俗、网络暴力、恶意营销、侵犯公民个人隐私等负面有害信息花样不断翻新，极易反弹反复，严重污染网络生态环境，影响青少年身心健康，网民反映强烈、举报不断
2021	网络"清朗"系列专项行动	仍有网络违法违规问题不断出现和网络乱象滋生蔓延
2022	"清朗"系列专项行动	"饭圈"骂战不断、营销号恶意"带节奏"、App弹窗过滥推送、网络暴力散播谣言等互联网乱象丛生
2023	"清朗"系列专项行动	聚焦"自媒体"乱象、网络水军操纵信息内容、重点流量环节不规范、网络传播秩序不良

2. 治理主体的策略性选择

表面看来，互联网管理部门受限于种种客观外部因素，很多时候似乎是极端事件对治理主体产生治理压力，激发治理主体强烈的治理冲动并被动选择了互联网运动式治理。但还要看到运动式治理主体的积极性因素。互联网运动式治理日益成为政府的互联网管理部门的主动的、积极的和策略性的选择，运用在运动式治理中的资源整合和行政机制，主动应对互联网治理难题。另外，鉴于越来越多的法律法规在互联网运动式治理中得以出台，以及相关的互联网管理制度在互联网运动式治理中得以供给，应该看到互联网运动式治理的主体的这种法律和制度输送的能动性视角，这是互联网运动式治理虽有弊端，却可以长期存在的一个重要的内在因素。因而，如果深入互联网管理部门内部，就可以观察到互联网运动式治理模式是互联网管理部门主动的理性选择而并非仅仅是被动、消极和惯性的治理行为，已然成为互联网治理中不可缺少的一种治理方式。

3. 互联网典型事件爆发的刺激

互联网运动式治理行动大多由极端的单一事件引发。参看表 1 – 5，以 2002 年"网吧"治理专项行动为例，北京"'蓝极速'网吧"大火造成多人死伤引起媒体报道和公众关注，其后推动政府相关管理机构启动对互联网上网服务和经营场所的全面治理运动；再如，2005 年北京大学"一塌糊涂"BBS 论坛因刊载不良政治信息被突然关闭，引发其后的高校 BBS 实名制行动；又比如，2006 年 2 月 21 日，信息产业部倡导开展的"阳光绿色网络工程"活动就开启了"文明办网自律行动"。此外，2013 年的反网络谣言治理行动是始于抓获秦志晖（网名"秦火火"）、杨秀宇（网名"立二拆四"）并打掉传谣的网络推手公司——北京尔玛互动营销策划有限公司，接着促发了全国公安机关集中打击互联网有组织制造和传播谣言等违法犯罪专项行动的全面开展。[①]

可见，如果没有这些事件的推动，相关领域的互联网治理行动很难开启，相关问题也较难进入监管机构的治理视野并得以解决。反之，一旦事

---

① 吕其庆. 认清网络谣言的巨大危害 [EB/OL]. (2013 – 08 – 26) [2024 – 06 – 21]. http://theory. people. com. cn/n/2013/0826/c368343 – 22693223. html.

件被公众和政府关注,治理行动往往随之开启。当然,典型事件之所以能够激发互联网监管主体对于相关领域的强力治理行动,除了本身的显著性之外,它们生长的环境和背景、面临的制度、法律和组织资源不足也是极为重要的因素。事件相关背景、外部条件和事件爆发的特定时机耦合以及诸因素间相互作用共同导致了互联网运动式治理开启,是互联网运动式治理的外部启动因素。

总之,互联网运动式治理体系内外的诸多因素在不断延伸的时间轴上持续地相互作用,最终共同推动了互联网运动式治理的发生和发展。如果说外在制度环境压力的视角看到了互联网管理部门采用互联网运动式治理方式的被动性,那么主体选择视角则看到了近年来互联网管理部门探索新的治理模式的主动性,二者是启动互联网运动式治理的内部因素的"一体两面"。从中也可看到互联网运动式治理发生和发展的必然性,但这并不意味着要长期固守互联网运动式治理模式。互联网运动式治理毕竟只是在各种内外因素共同作用下在特定时期适用的一种过渡性治理模式,随着社会进入整体转型的关键期,互联网运动式治理必然要随之转型。

(二) 基于治理的必然性的客观再评价

基于互联网运动式治理的各种负效应增多的事实,看到互联网运动式治理的有效性和合理性在不断受到挑战的现实,以及其正面评价的基础变得日益薄弱的现状,对互联网运动式治理的否定评价是互联网发展不断深化的必然结果。但是,也要看到互联网监管部门对互联网运动式治理的努力调适使得互联网运动式治理仍然在互联网治理体系中存续并发挥作用,这种现状也要求研究者挖掘其治理的潜力,从不同角度对这些负面评价进行回归分析,对相关理论进行拓展,并对互联网运动式治理进行重新评价。

早期对于运动式治理理论研究较浅,对运动式治理多抱持否定态度,一些负面评价甚失偏颇,随着研究的深入,诸多概念不断理清,近年对于运动式治理的评价渐趋客观,对其持有限否定和"类型化"承认的态度。①

---

① 杨志军,彭勃. 有限否定与类型化承认:评判运动式治理的价值取向 [J]. 社会科学,2013 (3):20.

所以，笔者认为，如果只是基于实用主义和经验主义来评价互联网运动式治理，只看到互联网运动式治理所体现出来的诸如行动迅速、效果明显等优势，容易导致片面看重互联网运动式治理的直接效用，过于强调治理行动的有效和有用，而忽视其余；如果基于理性主义来看待互联网运动式治理，基于互联网运动式治理产生效用的底层逻辑而对其加以客观评价，可以看到互联网运动式治理发生的内在必然性，在肯定其存在合理性的同时也正视其弊端，这才是较为客观的评价方式。因而在此，笔者基于社会学和政治学的相关研究中运动式治理的理论变化趋势，对互联网运动式治理行动的成效进行重新审视，包括三个方面：

1. 对互联网运动式执法"不法"的重新审视

行政法的法律优先原则是一种法律至上的理念，指法律对行政权处于优先的地位。法律优先原则实际上是对行政违法的禁止，它是消极意义上的依法行政原则。法律优先原则不仅适用于权力行政领域，而且适用于非权力行政领域。

前文分析的治理行动中多有违背行政法律法规之处，从这个角度看，互联网运动式治理是违背法治原则的。但从表1-6中可见，互联网网上营业场所的专项治理行动的前、中、后阶段都有相关规范性文件发布，互联网运动式治理在解决相关积弊的同时不断出台治理依据，也进行了很多法治化转型的探索，因此应该看到其对于互联网法治建设积极的一面。同时，互联网运动式治理逐渐在限制非法律手段的使用，其治理实践中对法律手段的依赖和强调在不断加强。

因而，本书认为互联网运动式治理中对法治的违背和对法治的追求同时存在，这是社会转型时期的一种新旧治理模式交替并存的现实态势：自下而上涌现的诸多互联网问题对自上而下的互联网治理体制造成冲击，必然导致互联网运动式治理这样的中间阶段和过渡状态，不能以过渡时期的运动式治理存在诸多"不合规"之处就完全否定互联网运动式治理的合理之处，而应看到在社会转型大背景下的互联网运动式治理自身的转型升级的成长逻辑，综合评估其中的合法和不合法现象。互联网运动式治理正在不断从"不法"转向"合法"，其法治化演进过程是互联网治理法治化转型的重要方面。

表1-6　互联网上网服务营业场所专项治理行动相关信息表

年份/年	具体日期	出台的规范性文件	涉及部门
1999年	1月20日	信息产业部电信管理局关于贯彻落实四部（局）规范网吧经营行为加强安全管理有关规定的通知	信息产业部电信管理局等四部
2001年	3月2日	中央机构编制委员会办公等五部委关于计算机信息网络经营服务场所和电子游戏厅管理职责分工通知	中央机构编制委员会办公室、信产部、公安部、文化部、工商局等五部委
	4月3日	互联网上网服务营业场所管理办法（失效）	公安部、信产部、文化部、工商局
	4月3日	国务院办公厅关于进一步加强互联网上网服务营业场所管理的通知	国务院办公厅
	4月25日	信息产业部、公安部、文化部、国家工商行政管理总局贯彻落实国务院办公厅关于进一步加强互联网上网服务营业场所管理通知的意见	信息产业部、公安部、文化部、国家工商行政管理总局
	10月9日	共青团中央、信息产业部、公安部关于在全国开展创建"青少年安全放心网吧"活动的通知	共青团中央、信息产业部、公安部、防止青少年犯罪委员会、文化部、工商总局
2002年	5月1日	国务院关于加强网络文化市场管理的通知（失效）	国务院
	5月10日	文化部关于加强网络文化市场管理的通知（失效）	文化部
	6月29日	文化部、公安部、信息产业部、国家行政总局关于开展"网吧"等互联网上网服务营业场所专项治理的通知（失效）	文化部牵头
	9月29日	互联网上网服务营业场所管理条例	国务院

（续表）

年份/年	具体日期	出台的规范性文件	涉及部门
2002 年	10 月 11 日	文化部关于贯彻《互联网上网服务营业场所管理条例》的通知	文化部
	12 月 9 日	文化部办公厅关于实施《互联网上网服务营业场所计算机经营管理系统技术规范》的通知	文化部
2003 年	4 月 22 日	文化部关于加强互联网上网服务营业场所连锁经营管理的通知	文化部
2004 年	1 月 12 日	文化部关于加强春节、寒假期间互联网上网服务营业场所管理工作的紧急通知	文化部
	2 月 17 日	国务院办公厅转发文化部等部门关于开展网吧等互联网上网服务营业场所专项整治意见的通知	国务院办公厅
	2 月 25 日	关于做好网吧等互联网上网服务营业场所专项整治工作的通知	国家工商行政管理总局
	10 月 18 日	关于进一步深化"网吧"专项整治工作的意见	文化部、国家工商行政管理总局、公安部等、信产部、教育部、财政部、

2. 对互联网运动式治理非制度化的重新思考

目前，政府体系不断加强官僚制的传统规范，特别是行政的规范化和法治化。具体到互联网运动式治理领域，由于"文化大革命"后对"运动"的复杂心态，公众和研究者对互联网运动式治理长期以来持有芥蒂。但实际上，互联网运动式治理和其他社会领域的治理模式有相同点，却又有基于互联网特性而呈现的不同之处。本书认为互联网运动式治理的转型是政府行动、公众参与、法律和政策、制度建设和治理创新的汇聚点，鉴于互联网运动式治理中形成的管理制度，互联网运动式治理已经不再仅仅是被动的、权宜的、无规划的应激式治理，也不再是无助于制度建设的治理方式，可被视为一种从行动到制度的互联网管理制度的供给方式。

例如，在 2013 年"反网络谣言行动"期间，尝试建立网络谣言监测形成机制、筛选确认制度、破坏评估制度、整合相关职能机构调查处理制度、处理后反馈制度，提出不断完善网站行业自律制度，并且尝试完善法律对网络谣言的民事、行政、刑事等配套的规范。①

当然，互联网运动式治理仍然面临着很多困局，相关互联网监管机构如果可以激发自己的创新能力和治理智慧，稳定它周边各种资源相互作用的状态，探索出治理新路，将有助于实现对互联网运动式治理困境的破局，唯此才能适应当前的互联网发展趋势，才能在即将到来的互联网"5G"时代占据主动。

3. 对互联网运动式治理侵权的重新评判

严格依法行政意味着行政相对人的权益得到充分的尊重和保护。② 而互联网运动式治理的强烈的治理力度和结果导向使其对治理对象的相关权利时有侵犯，因而互联网运动式治理中的行政侵权现象一度很常见，这也是互联网运动式治理被认为违背"依法行政"和"依法治网"原则而饱受诟病的重要原因。但是如果从长期视角和全景视角审视互联网运动式治理，可以看到互联网运动式治理行动中出台的诸多法规、规章和相关规范性文件对于维护网民的相关权利起到重要作用，互联网运动式治理呈现出"维权"和"侵权"并存的一体两面并存的状态。

以 2002 年"网吧"专项治理行动为例，此次行动期间国务院第 363 号令公布了《互联网上网服务经营场所管理条例》，明文规定 16 岁以下未成年人不许进入"网吧"，"网吧"不许在中小学校园周围 200 米范围内和居民住宅楼（院）内开设，"网吧"不能锁闭门窗，等等。这些规定的目的是维护未成年人相关权利，使其不受网络淫秽色情内容的不良影响，使其免于在消防设施不达标或消防安全隐患较多的"网吧"上网时受到潜在人身安全威胁（一如引发这次治理行动的"蓝极速"网吧大火中的受害者的经历）。又例如，在 2004 年的违法网站打击与举报行动中，截至当年 11 月 9 日，参与行动的有关部门对互联网上淫秽色情、赌博、诈骗等网站和有害信息进行了"拉网式"排查和清除，维护了互联网良好风气，维护了广大

---

① 井春冉. 多方合力法律利剑挥斩网络谣言［EB/OL］.（2015 – 11 – 20）［2024 – 06 – 21］. https：//www. sohu. com/a/42971509_ 117622.

② 江必新. 行政法制的基本类型［M］. 北京：北京大学出版社，2005：274.

网民接收高质量的、健康的和清洁的互联网信息的权利。

整体而言，互联网运动式治理的"维权"导向不断增强，互联网监管主体不再是单纯从"权力本位"出发管理互联网，而是日益重视维护网民权利并为公众服务，这也是"服务型政府"追求的目标之一。

总之，互联网运动式治理中出台的很多法规和具体制度安排，能持续促进互联网的有效治理，使得运动式治理能够在互联网治理实践中长期存在，并事实上取得一定合理性和合法性。因此，对互联网运动式治理的重新审视都是很有价值的。

现代行政法学自诞生以来，行政法的理念始终在随着社会发展和主流价值取向不断变化和演进。行政法的管理理念是一种传统的行政法理念，是适应当时的社会形态的一种行政法的理念，在这种理念下，行政权以强制力为主要构成要素，迫使行政相对方必须服从，这也集中反映了行政法管理理念的一个本质特征。随着时代变迁，行政法的理念又继续发展出"控权论"和"平衡论"等新理念。而现在，在我国更有行政法的合作、契约、平等理念的兴起与发展。① 因此，在认识互联网运动式治理所基于的行政法的管理理念时，不能无视历史变化的因素，如果简单粗暴地用今天的标准去衡量以往的理念，那么就可能得出不够客观的判断。如果用较宽广的历史视角来观察，考虑到时间的变量，则可以知道互联网运动式治理是适应特定的社会背景应运而生的治理方式，曾经起到过积极作用，目前仍然在发挥一定的作用。

---

① 葛自丹. 论行政法的惠民理念 [J]. 河北法学，2011 (4): 96.

第二章
作为制度规制的互联网运动式治理

梳理不同阶段的互联网运动式治理行动的案例，可以纵向勾勒出互联网运动式治理的出现、成长和成熟的发展历程，有助于厘清互联网运动式治理的含义嬗变以及行动逻辑，但这只是对互联网运动式治理的局部问题和逻辑起点的描述，如果要更全面地认识互联网运动式治理，还需要从规制的角度去探讨互联网运动式治理的有关理论问题。

第一节　互联网运动式治理的内涵嬗变

梳理不同阶段的互联网运动式治理行动的案例，可以纵向勾勒出互联网运动式治理的出现、成长和成熟的发展历程，但这只是对互联网运动式治理外在演变轨迹的描述。实际上，互联网运动式治理行动实践的探索轨迹与互联网运动式治理的内涵嬗变相互交错，前者中产生的反馈见诸后者，后者中凝练出的理念在前者中得到检验，二者相辅相成，形成良性的发展闭环，在这种闭环中互联网运动式治理的内在含义逐步地、层层递进地厘清。

一、社会管理与社会治理

治理（governance）指的是一种由共同目标支持的管理活动，是政府与民间、公共部门与私人部门之间的合作与互动，是各种公共或私人机构管理共同事务的诸多方式的总和。与统治（government）不同，治理的基础不是控制，而是协调与合作，是政治国家与公民社会的合作，政府与非政府的合作，公共机构与私人机构的合作，它由一元、强制、垄断公共利益的实现方式走向了多元、民主、合作的方式。① 中国共产党第十八届中央委员会第三次全体会议通过的《中共中央关于全面深化改革若干重大问题的决定》，提出了"治理"这一概念，体现着政府执政思路从"社会管理"向"社会治理"转变，由"管理"向"治理"的转变体现着两种本质上不同的权力运行逻辑。

具体而言，从实施主体来看，社会管理侧重于政府对社会进行管理，政府是社会管理合法权力的主要来源，而社会治理则强调合法权力来源的多样性，社会治理的主体是多元的，除了政府以外，各种社会组织、私人部门和公民团体等也是实施主体；从实施模式上看，在社会管理框架中，政府高于社会，政府领导社会，通过单向控制来管理社会事务，而社会治理中多元行为主体之间是平等和合作关系，共同承担社会治理责任；从实施维度上看，社会管理更多的是自上而下管控社会，而社会治理是当代民主的一种新的实现形式，强调发挥多元主体的作用，鼓励参与者自主表达、协商对话，并达成共识，从而形成符合整体利益的公共政策；从实施技术上看，社会管理的实践基于权力本位，依靠政府的权力发号施令，而社会治理运用包括权力、市场、法律、文化、习俗等多种管理方法和技术，以便更好地对社会事务进行引导和管理。

二、管理行政与治理行政

上述社会管理与社会治理的不同之处在行政领域则体现为管理行政与治理行政的差异。管理行政与治理行政有着本质的不同：

从权威来源来看，管理行政的权威主要来自政府，而治理固然也需要权威，但其不依赖于政府权威为唯一来源，治理行政是国家与公民之间、政府与非政府组织之间的合作，以及公共机构与私人机构之间的合作。

从权力运行的向度来看，管理行政的权力运行是自上而下的，各级政

---

① 于雯雯. 法学视域下的中国互联网治理研究综述［J］. 法律适用，2015（1）：62.

府通过逐级发号施令、制定和实施政策，对公共事务实行单向度的管理，而治理行政的权力向度是多元的，并非纯粹自上而下，而是一种自上而下和自下而上兼有的多向互动的过程，政府固然在治理中起到重要的作用，而非政府组织以及各种私人机构等社会力量的作用也在日益增强，他们之间主要通过合作和协商方式，就共同目标来处理社会事务。

从管制依据上看，治理行政是服务行政，在治理行政的运行机制下，虽然政府也履行管制职责，但治理行政中的管制是广义上的包含管制、管理和服务的政府行为，因为在管制依据上，治理行政是依法行政，须有法律、法规作依据，是受严格约束和监督的有限管制，而管制行政缺乏严格的法律监督和约束，不一定基于法律，有逾越法律之嫌。

从管制模式上看，治理行政体现平等行政，强调法律面前人人平等，而管制行政却并非平等行政，有时会区别对待；从管制程序上，治理行政强调程序公开、透明，追求制度化，而管制行政却是非制度化的，随意性大；从管制结果上看，治理行政强调对政府及其工作人员行为的监督，有相应的救济措施，而管制行政在这些方面则比较欠缺。

三、互联网治理与互联网运动式治理

上述的管理与治理、管理行政与治理行政之间的不同之处也体现在互联网治理领域。互联网治理的一个主要思想来源是 20 世纪 90 年代以来在国际经济学、政治学和管理学领域流行的公共治理理论。2004 年，在日内瓦召开的信息社会世界高峰论坛制定的《日内瓦行动计划》中，要求联合国秘书长成立互联网治理工作小组，该小组进一步明确互联网治理的概念，提出互联网治理是政府、私营部门和民间社会根据各自的作用制定和实施旨在规范互联网发展和使用的共同原则、准则、规则、决策程序和方案。①目前，这是关于"互联网治理"的最为普遍接受的概念。而 2005 年召开的突尼斯高峰会议则对"互联网治理"进行了更加明确的界定，会议指出：

---

① 章晓英，苗伟山. 互联网治理：概念、演变及建构 [J]. 新闻与传播研究，2015（9）：118.

"互联网治理的工作定义是政府、私营部门和公民社会在发挥各自角色的基础上共同发展和应用一致的原则、规范、规则、共同制定政策，以及发展和开展各类项目的过程，其目的是促进互联网的发展和使用。"① 还有一些学者提出了各自的互联网治理的概念，例如，有学者认为互联网治理是指政府、私人部门、公民社会以及技术专家，通过制定政策、规则以及争端解决程序，以解决互联网技术标准的确定、资源利益的分配以及网络安全事件的应对等问题。还有学者认为互联网治理是指为了维护公民、企业、社会组织、国家机构及国际组织的合法权益和正常的网络秩序，运用现代信息技术、科学理论和各种法律、法规等措施，促进网络空间的互动和协调，以确保网络空间的健康、安全、畅通与和谐发展。

从"互联网治理"的上述含义中，可以看到虽定义内容不完全相同，但都基本认同互联网治理的一个基本特征在于"共治"，即多种主体共同参与治理并发挥各自的角色功能，形成治理的协作力和总体效应。② 这些概念都较为宽泛，任何与互联网问题的治理有关的内容几乎都能被囊括到"互联网治理"的概念外延中。

互联网治理概念的宽泛也与互联网本身的复杂特性有关，尤其与互联网多方利益相关的特性有关。而在互联网的行政监管实践中，互联网治理的范围也的确已经超越了基础设施层面，涉及法律、经济和社会文化等极为广泛的领域。因此，互联网的有效治理并不能单纯依靠法律、法规、政策等强制性力量，还要依靠在协商沟通中所达成的共识。

互联网运动式治理是运动式治理方式在互联网治理领域的运用，属于互联网治理研究的一个重要方面。"运动式治理"可以追溯到革命战争年代，而当时的运动式治理针对的问题有所不同，都带有浓重的政治色彩。革命战争时期的农民运动、整风运动是早期的运动式治理形式，在社会主义建设时期，"运动式治理"模式得到了充分的继承和发挥，出现了"三反""五反""人民公社""大炼钢铁""文化大革命""批林批孔"等多种

---

① 章晓英. 西方视角下"互联网治理"的基本含义 [EB/OL]. (2015 – 11 – 25) [2024 – 06 – 21]. http://xinwen. cssn. cn/nxzzl/202403/t20240303_ 5736553. shtml.

② 于雯雯. 法学视域下的中国互联网治理研究综述 [J]. 法律适用, 2015 (1): 63.

多样的政治性运动形式。① 改革开放之后，运动式治理的政治性逐渐淡化，而行政领域中针对各种不同社会问题的集中整治和专项行动仍然是使用频率颇高的治理工具，是运动式治理在当今社会治理方面的延续和发展。

因此，运动式治理可以表述为由占有一定的政治权力的政治主体，如政党、国家、政府或其他统治集团，凭借手中掌握的政治权力发动的维护社会稳定和应有秩序，通过政治动员自上而下地调动本阶级、集团及其他社会成员的积极性和创造性，对某些突发性事件或国内重大的久拖不决的社会疑难问题进行专项治理的一种有组织、有目的、规模较大的群众参与的治理过程，具有权威性、有效性、运动性、反弹性和动员性等特点。还有的学者将其表述为运动型治理、运动化治理、运动式执法等，是"治理主体运用自身资源，打破常规程序，对社会重大问题或难题进行的运动式专项整治的方式"，是作为一种治理工具的客观存在。

随着互联网治理的深入和互联网运动式治理行动的增多，并鉴于上述互联网治理和运动式治理的含义，笔者认为，互联网运动式治理是各级互联网行政监管部门为了维护互联网秩序，通过动员互联网监管体系内部力量和资源，针对互联网治理中遇到的重大和复杂的问题而开展的一种突击性和强制性治理运动。它还有很多其他称谓，比如互联网专项行动、互联网专项整治、互联网突击整治、互联网集中整顿、互联网拉网式排查等，其中互联网运动式治理是学术界运用较多的一种称谓。②

需要指出的是，互联网运动式治理与互联网治理有所不同，主要包括两方面内容：一方面从治理主体上看，互联网运动式治理主要是由政府主导，强调政府有关互联网监管部门和人员参与，由不同的政府互联网监管部门在内部实现分工合作、权限划分并明确治理责任，而互联网治理则强调党、国家机构、社会（企事业单位、人民团体、社会组织和广大人民群众）等不同互联网参与主体的共同参与，但各主体的治理权限、治理效力和治理责任存在差异；另一方面，从治理方式上看，互联网运动式治理虽

---

① 祁凡骅. 中国需要告别"运动式治理"困境［N］. 社会科学报，2015 – 06 – 18（3）.
② 张志安. 网络空间法治化：互联网与国家治理年度报告（2015）［M］. 北京：商务印书馆，2015：199.

然也采取法律、自律和技术等手段进行治理，但以政府的强制管理为明显特点，而后者既实行强制管理，又有行为主体之间的民主协商谈判妥协，强调采取法律制度等他律性规则和非正式措施及自律性规则的综合使用，是均衡运用法律、市场、技术、教育等多种方式建立互联网规则和互联网秩序的过程。

综上所述，互联网运动式治理在互联网治理领域的出现和使用并非突然出现、短时爆发，互联网运动式治理伴随着互联网发展及互联网问题增多共同经历了长期的发展演变。互联网运动式治理的含义界定提示它是一种较为特别的互联网治理行为，对它的概念和内涵的厘清是研究其他相关理论问题的基础。

第二节　互联网运动式治理的规制机理

规制机理指其在相关互联网监管部门领导下的管理原则的体现，是互联网运动式治理规制过程中的内在机理在治理行动中的一种运行，是其治理能力发挥的方式，是政府行政能力的一种实现方式。如果要深入认识作为制度规制的互联网运动式治理的内在本质，无疑需要深入探讨互联网运动式治理的行政过程及其中的规制机理。实际上互联网运动式治理源于一种压制型法的规制逻辑，在这种逻辑中，秩序的首要地位被反复主张，而压制的根源就是统治精英可以利用的资源的贫乏，当有权者陷入绝境时，他们的特征就是有助于压制机制，他们缺乏手段，或者为时间所迫，在这些情况下，他们的倾向就是求助于一些压制措施。因而这种源于压制型法的规制逻辑集中体现为互联网运动式治理的基于秩序行政的导向性、基于资源匮乏的整合性和基于管理行政的管制性的规制机理中。

一、基于秩序行政的导向性

秩序的存在是一切社会活动的必要前提，秩序是人类社会活动的基本目标。秩序不仅是法律调整所想达到的目标，而且是其他基本法律价值的实现基础，是最基本的法律价值之一。在法治社会中，社会的秩序主要表现为法律秩序或法治秩序。法治是一个表征状态概念，无论是作为治国方略，还是作为依法办事的原则，法治要最终表现为一种法律秩序。① 秩序行政也充分体现出这种对秩序的追求。秩序行政，即干涉行政，它指的是"国家运用公权力来限制、干涉人民自由权利的行使，以达到维持社会秩序、国家安全和排除对人民及社会之危害的目的"。秩序行政是传统行政权运行的典型模式，作用是维持既有的状态，防止某些弊害的发生。互联网运动式治理追求的是维护互联网空间的良好秩序，是秩序优位的行政实践，是一种秩序行政。这种对于秩序的追求，使得互联网运动式治理行动在自由、平等、秩序、安全、效率和发展等极为多元的价值追求中往往前置秩序和安全等少数价值，导致其价值追求的单一性和不平衡性。互联网运动式治理是行政权力介入互联网空间的一种集中化和强制性治理，目的是有力维护互联网空间的秩序。这种秩序优位的导向有时候集中体现为"维稳"追求。

中国目前处在社会全面转型的关键期，此间社会矛盾凸显，为了解决这些尖锐、突出的矛盾和冲突，在某些特定的时期就某些特定领域的问题，各级政府部门自上而下地垂直发布指令，并且进行政治动员，来集中、调动和整合各种治理资源进行治理，以有效化解社会政治不稳定因素并维护社会秩序，运动式治理已然成为各级政府部门常用的一种"维稳"方式。② 实际上，互联网监管主体对于互联网空间秩序的内在追求使其对互联网空间的失序容忍度极低，在处理一些触及"维稳"红线的极端事件时，必然将稳定和秩序的治理目标放在首位，而这些治理目标大多数情况下要靠强烈的互联网运动式治理才能达成。因此，运动式治理模式并非政府治理的新发明，它在被运用到互联网空间之前已经在其他社会治理领域长期使用。

二、基于资源匮乏的整合性

我国社会治理中各种有形和无形的治理资源尚有匮乏。就法律制度和

---

① 张文显. 二十世纪西方法哲学思潮研究 [M]. 北京：法律出版社，1996：630.
② 唐皇凤. 中国式维稳：困境与超越 [J]. 武汉大学学报（哲学社会科学版），2012（5）：19.

行政制度资源不足而言，它们给社会治理带来很多难题，作为对此制度资源匮乏的弥补，运动式治理通过促进行政主体间的协同达成政府合作，而政府合作是行政合作的高级形式，① 这种制度资源的整合有助于缓解制度资源不足带来的治理压力，因此运动式治理常被看作是资源制约与压力型体制双重困境下的一种社会治理手段。② 与社会治理领域的制度匮乏情况类似，互联网作为新近出现的一种新媒体，其管理制度不太完备，互联网治理过程中可以运用的制度资源也极为有限，而互联网运动式治理通过促进互联网监管机构间合作，可以一定程度上挖掘现有制度资源的潜力，解决互联网治理制度资源不足带来的治理难题。

就组织资源而言，运动式治理常常由自上而下的指令启动，甚至来自上级领导的主观意志，但它们的出现不是任意的，而是建立在特有的、稳定的组织基础和象征性资源之上。③ 而就互联网治理的各种组织资源不足而言，由于互联网监管部门在监管活动中经常要调动人、财、物等治理要素，而这些有形资源如果不足就会导致治理行为不能满足复杂多变的互联网监管需要，④ 只有在政府机构内部进行充分动员，集中、整合和协调资源，才能应对治理的有形资源的不足，而这经常需要相关互联网管理部门依靠互联网运动式治理才能完成。

另外，互联网监管机构拥有的重要的无形资源不足，包括关系资源、信息资源、形象资源。就关系资源而言，互联网监管机构用以建立和维持组织内外各方广泛联系的关系资源不足，所以表现出治理技术单一、合作机制缺乏以及相关互联网管理制度的建设滞后。

就信息资源而言，由于科层制的天然弊端，互联网管理部门对重要的外部信息掌握和理解较慢，导致信息资源不足，而互联网管理部门的信息资源的缺乏导致对互联网技术的快速发展适应不良，对诸多问题的治理较

---

① 李延，罗海峰. 行政合作新论［J］. 前沿，2006（1）：138.

② 狄金华. 通过运动进行治理：乡镇基层政权的治理策略：对中国中部地区麦乡"植树造林"中心工作的个案研究［J］. 社会，2010（3）：98.

③ 周雪光. 运动型治理机制：中国国家治理的制度逻辑再思考［J］. 开放时代，2012（9）：106.

④ 李小宇. 中国互联网内容监管机制研究［D］. 武汉：武汉大学，2014：148.

为被动，只能在问题积压到无法回避时，用运动式治理的手段给予猛烈的整顿。

就形象资源而言，由于互联网常规治理日益滞后于互联网发展，常规治理的有效性流失导致政府治理的合法性流失，导致政府的权威和公信力受损，而解决互联网管理部门的这些关系资源、形象资源、信息资源等无形资源的流失则需要通过启动强力的运动式治理对所有可以调动的这些资源潜力加以整合，有助于快速有效解决问题和应对危机。事实上，所有这些有形和无形的治理资源短缺不仅是中国要应对的问题，也是其他国家都存在的问题，不仅是互联网治理要面对的难题，也是国家治理所要面临的难题。

三、基于管理行政的管制性

在我国，由于行政法的管理理念在很长时间以来一直占据统治地位，所以互联网运动式治理沿袭了行政法的管理理念的逻辑。行政法的管理理念是与行政法的管理论相伴而生，是在行政法产生初期形成的一种行政法理念，对互联网运动式治理实践产生了深刻的影响。具体而言，体现在以下两个方面：

（一）互联网运动式治理是以政府互联网管理部门为主导的一种监管

行政主体是行政组织中具有独立对外管理权限的行政机关以及法律法规授权组织的总称。[①] 学术界一般将行政主体界定为依法承担行政权的单个行政机关和法律法规授权的组织。按照行政主体的界定，行政主体整体可分为行政机关和法律法规授权组织两部分。具体包括以下类别：国务院、国务院的组成部门、国务院直属机构、经法律法规授权的国务院办事机构、国务院部委管理的国家局、地方各级人民政府、地方各级人民政府的职能部门、经法律法规授权的派出机关和派出机构、经法律法规授权的行政机关内部机构、法律法规授权的其他组织。行政机关内部的机构、公务员及

---

① 应松年. 行政法学教程 ［M］. 北京：中共中央党校出版社，2001：64.

受行政机关委托实施管理的组织不是行政主体。① 不同治理范围内展开的诸多互联网运动式治理的治理主体也基本体现为以上几种在治理行动中起到领导作用的各级互联网管理部门及其授权的管理组织以及其他行政机关或相关法律法规授权的组织。但是，本书所涉及的主要是全局性的互联网运动式治理行动中的治理主体，主要包括中共中央宣传部、中共中央对外宣传办公室、文化和旅游部、公安部、工业和信息化部、教育部、国家市场监督管理总局、中央网络安全和信息化委员会办公室、国务院新闻办公室、国家新闻出版广电总局、最高人民法院、最高人民检察院等部门。启动和主导互联网运动式治理行动的这些互联网管理部门，可以在行动中安排各部门分工合作，可以指导治理行动协调有序开展，可以在行动结束后进行总结和评估，使得治理行动得以顺利实施。

（二）互联网运动式治理是一种强制性监管

行政主体在实施行政行为时具有单方意志性，不必与行政相对方协商或征得其同意即可依法自主做出。行政行为是以国家强制力保障实施的，带有强制性，行政相对方必须服从并配合行政行为，否则，行政主体将予以制裁或强制执行。这种强制性与单方意志性是紧密联系在一起的，没有行政行为的强制性，就无法实现行政行为的单方意志性。互联网运动式治理具有行政行为的强制性，其治理行为大多是自上而下的单向度治理，凭借治理运动的大强度、广泛化和集中性来推行，并以国家和法律强制力保障实施，被治理对象相对处于弱势，必须服从并配合相关互联网管理部门的治理行为，而在互联网运动式治理行动中一些非强制性和柔性的行政行为呈现较少。

在行政法的管理理念中，行政主体是行政法律制度的核心，是行政法制度安排的起点，行政相对方作为被管理对象，只需要依法律、法规的相关规定并配合行政主体的行为。行政法的管理理念以行政权的优越和优先为基础，以行政有序为目的，强调行政权力的有效行使，偏重行政效率。

---

① 薛刚凌. 我国行政主体理论之检讨：兼论全面研究行政组织法的必要性［J］. 政法论坛，1998（6）：64.

由此就使得在行政主体与行政相对方关系方面，行政主体占有完全的主动和优势地位，而行政相对方作为被支配、被管理的客体，在整个的行政法律关系中，行政主体表现得极为活跃，而行政相对方显得很被动，行政主体依职权与行政相对方的受约束之间形成对比，而行政主体的命令与行政相对方的服从也形成了鲜明对比，从而体现出管理行政法的特色。① 在这种行政法的管理理念的长期形塑中，在互联网运动式治理领域，相关的互联网管理部门充当着互联网治理的主要监管角色，这样的角色使得互联网管理部门可以较好地适应当前的行政管理体制和行政权力架构，可以维护互联网秩序及其合法性基础，但总体而言，相关的互联网管理部门处于极为强势和主动的一方，治理是以互联网管理部门的意志为中心，治理首要维护的是相关政府部门的利益，互联网运动式治理的被治理对象则相对处于较为弱势和被动的一方，无法充分而积极地参与互联网治理行动。

---

① 葛自丹. 论行政法的惠民理念 [J]. 河北法学，2011 (4)：96.

第三章
互联网运动式治理法治化转型之困境

　　互联网已进入高速发展期，也同时进入了问题多发期和矛盾凸显期，互联网运动式治理的固有弊端随着互联网发展而日益凸显，同时互联网运动式治理的法治化转型也面临互联网动态的发展过程中所不断引发的困境。社会科学把法律经验看作可变的和场合性的，提出应对这些困境时也要把握"变化的意义"[①]，只有在互联网运动式治理法治化转型的动态过程中正确认识和分析这些困境，才有助于互联网运动式治理这把"双刃剑"走出困境、扬长避短。

第一节　压制型法的惯性所致之价值和理念困境

　　压制型法最独特、最系统的形式表现之一就是权威的维护是法律官员首先关注的问题，在随之而来的"官方观点中"，现行体制获得善意解释，行政的便利性具有重要意义。互联网运动式治理所秉持的是一种压制型法的理念，集中体现为互联网运动式治理中对权威的维护，相应地，维护互联网秩序和安全则常常成为互联网监管者首先关注的问题，而诸如信息自由权利的维护、互联网效益的促进和公平正义的维护常常未被前置，体现

　　[①]　P. 诺内特，P. 塞尔兹尼克. 转变中的法律与社会 [M]. 北京：中国政法大学出版社，2002：10.

出现行互联网运动式治理侧重的行政便利性,① 这些理念见诸互联网运动式治理中,不断造成一些监管思维上的惯性,很多时候这些思维惯性不能很好地适应互联网的新变化,给互联网运动式治理的法治化转型带来诸多困境。

一、运动式行政的法律价值较难平衡

就互联网运动式治理的法律价值理念困境而言,一方面,诉诸相关行政法律规范的治理是互联网运动式治理中的一个重要治理方式。但由于互联网法律法规长期不健全,虽然"依法治网"已成为社会共识,但诉诸法律的治理手段在互联网运动治理中使用不足,所占比重偏小,不占主流,治理并未充分体现互联网运动式治理的转型的追求。另一方面,在向着"依法治网"迈进的过程中,基于互联网问题的复杂性,对于不同问题的治理所要立足和秉持的行政法价值是多种多样的,互联网运动式治理主体经常不能协调和平衡诸多行政法价值间关系,导致了互联网运动式治理中各种行政法价值间失衡和错位的现状。法的价值在法学研究中一般有三种使用方式:一是指法律在发挥社会作用的过程中能够保护和助长哪些值得期冀、希求的或美好的东西,这也可以称之为法的"目的价值";二是指法律自身所应当具有的值得追求的品质和属性,亦即法的"形式价值";三是指法律所包含的价值评价标准。② 在这三者中,后两者"形式价值"和"价值评价标准"服务于一定的"目的价值",因此,法的"目的价值"属于法的价值体系的基础,体现着法律制度的本质规定性。长期以来,法的目的价值中诸如秩序、自由、效率和正义等的重要性不断凸显和固化,成为法的基本价值形式,也是行政法的基本价值。而在互联网运动式治理实践中如何平衡这些重要的行政法基本价值成为一个难题。

(一) 治理的自由与秩序失衡

平衡论认为,行政法不仅仅在于维护行政法律秩序,它还应该在实现

---

① P. 诺内特, P. 塞尔兹尼克. 转变中的法律与社会 [M]. 北京:中国政法大学出版社,2002:10.

② 张文显. 法理学 [M]. 北京:高等教育出版社,2007:296.

行政法治的基础上带来更多的公民自由，因此平衡法的价值目标依次有三：行政法律秩序、行政法治、公民自由，① 它们指导着行政法的具体功能的实现。但是，在互联网运动式治理中对互联网信息内容的专项治理占很大的比重，而在诸多的互联网内容治理的专项行动中，行动的实施者是互联网管理者，其首要价值目标是互联网秩序，而从互联网信息内容的生产者和传播者角度而言，其主要的价值追求是信息自由，从中可以明显看到互联网运动式治理中的秩序价值追求和自由价值追求的失衡。例如，在 2003 年打击盗版软件专项治理行动中，其依据的《互联网出版管理暂行规定》（2002 年 6 月 27 日颁布，2016 年 3 月 10 日废止）就规定了"未经批准，任何单位或个人不得开展互联网出版活动"，② 但是其中的"互联网出版"的概念比较模糊和宽泛，并没有详细准确区分经营性（如电子商务方面的信息交流）和非经营性（如学术分享性信息交流等）信息登载和发布活动，势必造成对公民的言论自由和通信自由的限制和侵犯。③ 而在 2014 年的"净网行动"中，针对互联网视频低俗内容进行了集中治理，其所依据的《互联网视听节目服务管理规定》中规定了互联网视频网站等视听节目服务平台要"取得广播电影电视主管部门颁发的信息网络传播视听节目许可证或履行备案手续"，否则，"任何单位和个人不得从事互联网视听节目服务"，这诚然是有助于治理互联网视听节目的低俗化倾向，但同时也对言论自由设定了事先行政许可。④ 而这种情况在其他针对互联网信息内容的专项治理行动中普遍存在。

从表 3 - 1 中可见，2002 年互联网有害信息专项治理和 2004 年违法网站打击与举报行动中所依据的《计算机信息网络国际联网安全保护管理办法》《最高人民法院、最高人民检察院关于办理利用互联网、移动通讯终端、声讯台制作、复制、出版、贩卖、传播淫秽电子信息刑事案件具体应用法律若干问题的解释》等都成为互联网站禁止传播淫秽、色情等内容的

---

① 宋功德. 行政法哲学 [M]. 北京：法律出版社，2000：25.
② 国家新闻出版总署，信息产业部. 互联网出版管理暂行规定 [Z]. 2002 - 06 - 27.
③ 胡泳. 中国政府对互联网的管制 [J]. 新闻学研究，2010（4）：264.
④ 胡泳. 中国政府对互联网的管制 [J]. 新闻学研究，2010（4）：264.

主要依据，但是这些有关依据和规定实际上也对网站和网民的言论自由设定事先行政许可。当然，这些专项行动中对于互联网有害信息和不良内容的治理是极为必要的，唯此才能维护互联网的清朗环境和井然秩序，只有在有序的、健康的和清朗的互联网环境中才谈得上享有和实现信息自由传播和表达的权利，但互联网运动式治理在过度追求秩序价值的同时，对维护公民的信息传播权和自由表达权也有一定程度的误伤。

表3-1 主要互联网运动式治理行动的法律、法规、规章和其他规范性文件依据

时间/年	名称	行动依据	备注
2001	互联网上网服务营业场所管理	《信息产业部电信管理局关于贯彻落实四部（局）规范"网吧"经营行为加强安全管理有关规定的通知》等	
2002	"网吧"治理专项行动	《互联网上网服务营业场所管理办法》《互联网上网服务营业场所管理条例》《电信业务经营许可证管理办法》《中华人民共和国电信条例》等	针对营业活动场所
2002	互联网有害信息专项治理		针对营业活动场所
2015	"婚恋网站严重违规失信"专项整治	《最高人民法院、最高人民检察院关于办理利用互联网、移动通讯终端、声讯台制作、复制、出版、贩卖、传播淫秽电子信息刑事案件具体应用法律若干问题的解释》《最高人民法院关于审理非法出版物刑事案件具体应用法律若干问题的解释》《全国人民代表大会常务委员会关于维护互联网安全的决定》《中华人民共和国反恐怖主义法》等	
2015	重点整治微信公众号		
2015	电话"黑卡"治理专项行动		
2015	国家"网信办"统筹开展"净网2015""固边2015""清源2015""秋风2015""护苗2015"等五个专项行动		

（续表）

时间/年	名称	行动依据	备注
2016	全国政府网站抽查，"护苗2016"专项行动，"清朗"系列行动，"剑网2016"专项行动，互联网金融风险专项整治行动，网络直播平台专项整治行动；网址导航网站专项治理行动；	《最高人民法院、最高人民检察院关于办理利用互联网、移动通讯终端、声讯台制作、复制、出版、贩卖、传播淫秽电子信息刑事案件具体应用法律若干问题的解释》《最高人民法院关于审理非法出版物刑事案件具体应用法律若干问题的解释》《著作权行政处罚实施办法》《中华人民共和国著作权法》《全国人民代表大会常务委员会关于维护互联网安全的决定》《中华人民共和国反恐怖主义法》等	
2017	工商总局网络市场监管专项行动；"净网2017"全国"扫黄打非"办公室领导组织"扫黄打非"部门组织开展；"护苗2017"；"秋风2017"等专项行动；	《最高人民法院、最高人民检察院关于办理利用互联网、移动通讯终端、声讯台制作、复制、出版、贩卖、传播淫秽电子信息刑事案件具体应用法律若干问题的解释》《最高人民法院关于审理非法出版物刑事案件具体应用法律若干问题的解释》《全国人民代表大会常务委员会关于维护互联网安全的决定》《中华人民共和国反恐怖主义法》等	
2018	净化网络环境专项行动（"净网"行动）	《最高人民法院、最高人民检察院关于办理利用互联网、移动通讯终端、声讯台制作、复制、出版、贩卖、传播淫秽电子信息刑事案件具体应用法律若干问题的解释》《最高人民法院关于审理非法出版物刑事案件具体应用法律若干问题的解释》《全国人民代表大会常务委员会关于维护互联网安全的决定》《中华人民共和国反恐怖主义法》等	

（续表）

时间/年	名称	行动依据	备注
2019	网络生态治理专项行动（网信办）	《网络生态治理规定（征求意见稿）》等	
2020	网信办"清朗"专项行动	《未成年人网络保护条例》《教育移动互联网应用程序备案管理办法》《移动互联网应用程序信息服务管理规定》《互联网信息服务算法推荐管理规定》等	
2021	网络"清朗"系列专项行动		
2022	"清朗"系列专项行动		
2023	"清朗"系列专项行动		

总之，我们要看到，随着社交媒体、自媒体等新媒体出现，互联网环境日趋复杂，绝对离不开有效的事前、事中监管制度，但互联网所具有的快速、匿名、互动等特性，使互联网法律规制有不同于传统法律规制之处，即互联网信息规制必须符合宪法表达自由原则和达到预防风险的目的，同时事前规制手段与强度必须与需要预防的风险成正比。[①] 否则就会走向反面，走向对互联网信息生产者和传播者的信息传播权和自由表达权的侵犯。而互联网运动式治理是结果导向和秩序导向的，其运动特性明显，会在治理范围、治理方式、治理程序和治理强度上"越界"，超出适度的范围，与需要预防的风险不成正比，导致互联网运动式治理的自由表达价值和秩序价值之间失衡。

（二）治理的安全与效益失衡

就互联网经营者和服务提供者而言，互联网运动式治理过于强调互联网的安全价值而忽视互联网产业发展的价值，二者在治理实践中并未同步发展，也未被平衡地得以实现。从表3-1中可以看到，不管是在2001年互联网上网服务营业场所的专项治理行动中，还是在2018年净化网络环境专项治理行动中，这些互联网运动式治理所依据的法规、规章等大都是针对互联网经营场所和互联网服务商的经营资质与经营行为的规制，这诚然是维护互联网秩序的必然举措，但相较之下，对于互联网企业的公平竞争和

---

① 周汉华. 论互联网法 [J]. 中国法学, 2015 (3): 28.

经营发展等方面的权利保障是不足的，治理体现出强烈的秩序导向。例如 2002 年"网吧"治理专项行动所依据的《电信业务经营许可证管理条例》和此次专项治理中出台的《互联网上网服务营业场所管理办法》，分别针对营业活动场所、接入服务逾期、无经营许可证或无接入服务资质进行规制。其中，《电信业务经营许可证管理办法》（信息产业部令第 19 号）详细规定了经营许可证的申请、审批、使用、变更和注销、年检、罚则和附则。而其中 2002 年 11 月 15 日开始实施但现已废止的《互联网上网服务营业场所管理条例》主要是关于互联网经营场所的管控型措施，意在通过控制经营资质来维护经营秩序和安全。再看 2004 年违法网站打击与举报行动中所依据的《互联网安全保护技术措施规定》、《计算机信息网络国际联网安全保护管理办法》和《最高人民法院、最高人民检察院关于办理利用互联网、移动通讯终端、声讯台制作、复制、出版、贩卖、传播淫秽电子信息刑事案件具体应用法律若干问题的解释》等大都是针对互联网安全的保护规定，而对于互联网经营者和服务者的平等竞争和效益发展的保障有所欠缺，远远滞后于互联网产业发展的客观需求。在当前的市场经济大环境中，互联网经营主体不仅有保障互联网安全和秩序的责任，也追求经济效益目标的实现，互联网法治当然包括允许并保障互联网经营主体的自由竞争和追求效益的相关权利，只有自由竞争才能促使互联网企业快速健康发展，而其发展所需的公平有序的市场环境也需要法律来加以充分保障，因此互联网运动式治理应该努力达成互联网的安全价值和发展价值的平衡，治理中涉及的互联网法律价值的序列应当加以调整，不宜再片面强调安全价值而忽视发展价值。

（三）治理的公正与效率失衡

公正与效率尽管有相互促进的一面，但也有相互矛盾的一面。在以法行政类型下，行政法更偏向效率；在依法行政类型下，行政法则更偏向公正的实现；而在法治行政类型下，行政法则更倾向于二者的有机整合，努力寻求公正与效率的最大公约数。[①] 互联网运动式治理具有高度复杂性，它

---

① 江必新. 行政法制的基本类型［M］. 北京：北京大学出版社，2005：226.

在处理行政与法律的关系上，有时为追求快速达成治理效果而忽视法律公正，体现出以法行政类型的效率优先，又常常无法兼顾行政行为的公正；有时也为了保障行政行为的公正而重视执行规章的程序，体现出依法行政类型的公正倾向却又无法兼顾治理效率。由此，互联网运动式治理就面临着公正与效率之间的失衡困境。鉴于目前行政立法和行政治理的大趋势，互联网运动式治理需要注意公正与效率双重价值的平衡，既要注重程序和过程，也要注重产出和责任，要在治理的公正和效率之间达成平衡。从 20 世纪以来的一些国家的行政立法的大趋势来看，大都注意公正与效率双重价值的平衡，从注重程序和过程的传统公共行政，向更注重产出和责任的新公共行政转变。在 20 世纪末，不少国家修改行政程序法，以实现公正与效率的统一。①

（四）治理的公平和正义困境

解决社会冲突的最高准则随时代的不同而不同，但是在诸多调节社会事实的方式中，能够取得普遍认同感的方式通常被认为是公平和正义的。②因此，法律的公平和正义是其极为重要的两个价值追求。不同的学者对于公平和正义的价值界定有不同侧重。本书根据罗尔斯的界定来思考互联网运动式治理中的公平价值和正义价值间的关系。他认为，"公平是指按照一定的社会标准、正当的秩序合理地待人处世，是制度、系统、大型活动的重要道德品质。公平包含公民参与经济、政治和社会其他生活的机会公平、过程公平和结果分配公平"，而"正义包括社会正义、政治正义和法律正义等。正义是社会制度的首要价值，正义的社会里追求并保障确定不移的公民的平等和自由，由正义所保障的权利决不受制于政治交易或社会利益的权衡"。以此来衡量互联网运动式治理实践中的公平和正义价值追求和价值体现，可以看到互联网运动式治理虽然在各方的共识下得以开展，但是在具体的治理过程中，在公平和正义的价值体现上仍然存在不少缺憾，也面临着诸多困境。

---

① 江必新. 行政法制的基本类型 [M]. 北京：北京大学出版社，2005：227.
② 宋功德. 行政法律哲学 [M]. 北京：法律出版社，2000：37.

就治理方式而言，互联网运动式治理针对特定治理对象的选择性治理方式也有悖于法律的平等原则；就参与主体而言，互联网运动式治理是运动式治理在互联网治理领域的运用，它主要由政府相关互联网监管机构开启并实施治理行动，以体制内动员为主，公众参与度严重不足。缺少了公民的参与，互联网运动式治理是单维度的治理而不是多元化的治理，是封闭治理而并非开放治理，其治理的机会公平、治理的过程公平和结果分配公平就很难充分实现；就治理结果而言，互联网运动式治理未能较好地保障公民的自由和平等各种权利。例如，在打击违法网站的专项行动中，经常需要借助关键词过滤技术，以监测和识别其不良传播内容，但是由于语词意义的准确表达和理解很多时候离不开特定语境，因此纯粹地用过滤技术识别非法语词并施加有效封堵，必定会造成错误屏蔽或扩大化过滤，虽然语义过滤技术正在不断成熟，但监管部门无法一一核对海量的互联网信息，致使合法内容也被过滤，给互联网网站的合法运营和互联网使用者的正常信息交流带来麻烦，侵犯其信息自由表达权。① 2005 年胡锦涛总书记在省部级主要领导干部提高构建社会主义和谐社会能力专题研讨班的讲话中指出："公平正义，就是社会各方面的利益关系得到妥善协调，人民内部矛盾和其他社会矛盾得到正确处理，社会公平和正义得到切实维护和实现。"②据此角度衡量互联网运动式治理，可以看到，在互联网技术极大发展以及互联网空间复杂性加剧的新形势下，互联网运动式治理的这种协调效果变得越来越弱，互联网运动式治理越来越不能保障公民的互联网信息表达和传播权利，也越来越无法很好地解决互联网的多个利益相关方的矛盾，越来越无力体现互联网法治的公平正义的价值诉求，因此日益陷入一种法律上的公正价值理念的困境。

（五）"综合"治理运动中多种法律价值间的错位困境

在当今的信息社会和知识经济时代，各种文化（包括行政文化和法律文化）和信息的频繁交流使人类所追求的价值不断多元化，对行政法所追

---

① 胡凌．网站治理：制度与模式［J］．北大法律评论，2009（10）：480.

② 盛书刚．胡锦涛的社会主义和谐社会思想简述［J］．广东行政学院学报，2011（12）：7.

求的价值目标发生了深刻影响，各国在制定调整行政关系的法律规范时，越来越关注各种利益和价值的平衡。① 互联网运动式治理实践是复杂的法律价值博弈和相关法律落地的过程，为了平衡多种相关利益和价值，在具体的治理实践中，互联网管理部门综合使用多种治理手段，其治理范围经常涵盖很多方面，不一定局限于某一具体问题，其多种治理对象和复杂治理内容所涉及的多元利益和法律价值相互交错，其间既存在价值耦合，也存在价值冲突，因而治理过程中很容易发生多种法律价值间的错位，如何平衡这些交错纠结的法律价值是互联网运动式治理的理念困境之一。

例如，互联网的传媒属性、法治价值和经济发展目标之间的冲突会导致互联网运动式治理过程的自由、公平和效益等原则间错位。因为互联网具有多重属性，互联网运动式治理要考虑互联网的传媒属性，追求信息传播自由价值的实现。同时，治理也要面对互联网的产业属性，追求互联网法治中的公平原则和效益原则，这种传媒特质、法治追求和产业发展目标间有时候可以形成合力，作用于同一个方向，共同服务于互联网法治的公平价值和正义价值的实现；但有时候它们也会难以协调，传媒特质会暂时超越其他特性，其治理则更重视服务于受众，强调实现言论自由的价值，有时候互联网产业发展目标会暂时超越互联网的传媒特质，互联网以他律或自律形式换取政策支持，其治理则暂时后置言论自由的价值，甚至互联网的产业发展目标有时候会超越互联网法治追求，以牺牲法治的代价达成互联网发展。

又例如，在互联网内容治理的专项行动中的自由、安全、秩序和公正的价值序列也经常错位。以表3－1的网吧专项治理为例来分析这一点。根据2002年4月30日发布的《互联网有害信息专项清理整顿工作方案》，对于网吧的治理需要在内容管制和表达自由之间达成平衡，治理主体需要充分维护网民的自由表达权。但是网吧治理行动并非只针对内容的单维治理，这次网吧治理行动由北京"蓝极速网吧"大火而升级，对于互联网营业场所治理的切入点是对"网吧"的消防设施和消防安全整顿治理，依据的是消防部门的相关规定，消防部门这一治理主体主要考虑互联网上网服务和

---

① 江必新. 行政法制的基本类型 ［M］. 北京：北京大学出版社，2005：217.

经营场所的安全价值而非其他价值；另外从 2002 年 7 月 1 日起至 9 月 1 日，网吧等互联网上网服务营业场所专项治理行动在全国范围铺开，由文化部、公安部、信息产业部、国家工商行政管理总局联合开展，依据原有的《电信业务经营许可证管理办法》《中华人民共和国电信条例》，对于有无经营许可、无接入服务资质或接入服务逾期等违法或违规问题的网吧，相应采取依法处理和处罚、责令整改、停业整顿、依法取缔或重新审核批准等不同的治理方式。及至 2002 年 9 月 29 日，国务院第 363 号令公布《互联网上网服务营业场所管理条例》，使得后续互联网上网服务营业场所管理有更明晰和更完整的法规依据，这里强调的是规范网吧等互联网上网服务营业场所的经营管理行为和维护互联网经营秩序。由此可见，针对互联网上网服务营业场所的专项治理中，由于囊括的治理内容较多，诉诸的价值取向也很复杂。针对的网吧消防安全的治理要基于安全的价值，对经营规范的治理要基于市场秩序的价值，对于淫秽色情和互联网谣言等有害内容的治理要基于维护社会稳定的秩序价值，同时也要兼顾网民的言论自由的价值，等等，不一而足。它们所抱持的法律价值也是互为交错的，这些交错的价值追求与多变的社会现实之间不断相互作用、难于协调，使得互联网运动式治理中的多种法律价值间经常产生错位。

二、因应式管理理念失之于被动迟滞

互联网运动式治理本质上是基于一种被动性治理的理念，其治理的启动和对舆论的回应都失之于被动。就其启动而言，互联网运动式治理很多时候都经历了相似的被动过程：先是某个领域的相关互联网问题积累，然后是焦点事件爆发，引发媒体的关注，而后是舆论和互联网监管机构的意愿的"合流"促发互联网专项治理运动，当治理运动使问题一定程度地得到解决之后则运动趋于平静和结束。当然，典型事件之所以能够激发互联网监管主体对于相关领域的强力治理行动，除了本身的显著性之外，事件相关背景、外部条件和事件爆发的特定时机耦合以及诸因素间相互作用也共同导致了互联网运动式治理开启和发展，而典型互联网事件的引发是从运动过程开始的。如果没有这些事件的推动，政府和民意就无法"合流"

和"共振"，相关领域的互联网治理行动很难促发，相关问题也较难进入监管机构的治理视野并得以解决。反之，一旦事件被公众和政府关注，治理行动往往随之开启。另外，互联网管理部门的运动式治理行动是对舆论和公众的回应，从这个过程中可以看到互联网管理部门的治理意愿常显得被动，非主动而为，虽然有助于平息公众舆论，有助于维持社会秩序稳定，却是一种典型的被动性和回应性监管，是互联网监管部门为应对极端事件、回应媒体和公众而被动开展的，并非其主动地启动某种预警机制或者按照事先确定好的治理日程进行的。长期以来，政府的互联网监管部门由于路径依赖、治理资源有限和治理理念转变缓慢等各种原因，仍采取旧有的运动式治理方式，其反应更显被动和迟缓，未主动回应公众的维权诉求。这样一来，即便互联网运动式治理从个案的角度看是有效的，但在反复的、长期的和因应性的运动式治理中，它带来的并不一定是对民意的成功吸纳，而是对民意的无视，使互联网监管部门的公信力显得捉襟见肘。众所周知，政府公信力是获取民意的支持和认可的重要资源，民意的支持和认可是政府合法性的渊源和基础。如果不加以转型，互联网运动式治理的这种基于民意认可的治理的合法性的渊源和基础将面临巨大的挑战。因而，互联网运动式治理的这种对舆论或民意的回应，相对于事件和问题的快速发酵而言，其治理行动显得较为迟缓。

三、单向度的规制思路偏于狭窄扁平

当前的互联网运动式治理模式较大程度上延续了传统的管制型思维的"秩序优位的导向"，是一种权力本位的治理思路。其治理的首要目标是服务于"秩序"，而并非服务于公众维权的目标，仍然较为注重自上而下的治理的维度，而轻视自下而上的维权的维度，这是无法适应互联网的多重属性和互联网问题的复杂性的，与互联网法治的要求不一致，也与公众的利益诉求形成了冲突。虽然，互联网运动式治理显著的治理效果客观上维护了公众的某些权利，维护了互联网秩序稳定，但其治理从长期来看仍然是基于权力本位的思维，其规制的思路和维度相对于互联网问题的复杂性和多维性就显得较为单一化和扁平化，不仅不能提高治理行为的总有效性，

还会导致互联网运动式治理效果衰减。习近平在论述网络空间治理时将"为人民服务"表述为"造福人民",提出"网信事业要发展,必须贯彻以人民为中心的发展思想",指出"我们的目标,就是要让互联网发展成果惠及 14 亿多中国人民,更好造福各国人民",因此"造福人民"是网络空间治理的核心价值理念。① 有鉴于此,本书认为互联网运动式治理的核心价值理念是服务于互联网所有参与方,协调其关系并维护其权益,其实质就是"以人为本",这与国家治理的为人民服务或曰造福人民的核心价值理念是一致的,这不仅是互联网法治的追求,也是国家法治建设的题中应有之义。但目前的互联网运动式治理所秉持的治理理念在很多方面有悖于"以人为本"的核心价值理念。互联网运动式治理注重管制而轻视维权,是自上而下的"维稳"思维而非自下而上的维权思维,这和公众的利益诉求形成了明显的差距和失调,这种差距和失调说明互联网运动式治理已然陷入了治理的"内卷化"困境,即互联网运动式治理无法在原有的有效性上进一步提升,只是在已有的模式中不断重复。这有悖于习近平总书记在 2014 年 1 月 7 日中央政法工作会议上所表达的"维权"和"维稳"并重的精神,即"维稳"和"维权"并重,"维权"是"维稳"的基础,"维稳"的实质是"维权"。② 从短期来看,治理行动确实会解决具体问题,但从长期来看,反复启动的治理运动冲蚀和损耗了以往治理行为所累积的有效性,导致运动式治理的效果不断衰减。

第二节　运动式治理运行所致之速成效果困境

互联网运动式治理的运动性体现在:互联网运动式治理经由媒体和公众普遍关注而启动,体现出舆论造势方面的运动性;互联网运动式治理在准备阶段广泛动员政府体系内的参与方并充分调动各种治理资源,体现出

---

① 黄庭满.论习近平的网络空间治理新理念新思想新战略 [EB/OL]. (2016 – 09 – 27) [2024 – 06 – 21]. http: //views. ce. cn/view/ent/201609/27/t20160927_ 16329184. shtml.

② 习近平:维权是维稳基础 维稳实质是维权 [EB/OL]. (2014 – 01 – 29) [2024 – 06 – 21]. https: //m. huanqiu. com/article/9CaKrnJE8Wy.

治理的动员准备方面的运动性；互联网运动式治理联合多部门开展集中治理，治理范围扩大和治理手段升级等现象呈现出治理过程中声势浩大的运动特性；在特定时段内治理的强效性是其运动性在治理效果方面的体现。

而互联网运动式治理的高关注、高强度、强效性的运动性特点虽然有助于冲破互联网治理的困局，但和常态治理所追求的组织稳定和治理规范的目标是相冲突的，在常规化治理和运动式治理的频繁交错中，这些运动式特性使得其可以快速、有效地治理互联网相关问题，但同时也导致互联网运动式治理中的法律运行存在很多的问题，主要体现为互联网运动式治理中的行政与法之间存在很多既一致又相悖的复杂态势。因此，互联网运动式治理行动实践中体现出一种管理行政与法治行政之间的过渡性，其过渡性特点全方位地折射出转型期的互联网治理的纷繁复杂和互联网等新兴媒体发展的不可预测，也导致了互联网运动式治理的规制逻辑上的悖论。

一、治理中的行政与法的一致和相悖并存

互联网运动式治理的"合法"状态指的是其治理过程中的行政行为与行政法的一致的依法而行状况。例如，互联网运动式治理是相关互联网管理部门根据自己的行政职权来履行相应的行政职责而做出的行为，很多情形下它符合相关法律法规的内容和程序，因而要看到互联网运动式治理所呈现的治理依法而行的一面。但同时更要警惕其违背法律的状态。

互联网运动式治理的"违法"状态指的是其治理行为与行政法的相悖的现象。这种治理中的行政与法相悖的现状导致很多互联网运动式治理中体现出行政权先于法律的以法行政的情况。由于其特殊的运动性特点，互联网运动式治理中常逾越相关法律法规的内容和程序，存在诸多不符合行政法治的地方。如，就治理手段和方式而言，互联网治理运动中综合采取了多种治理手段，包括行政的、法律的和技术等手段，但事实上，相关互联网管理部门对法律手段的使用不足。虽然，在依法治国和依法行政的背景下，互联网运动式治理越来越强调法律对行政权的优先原则，强调法律优越、法律至上，强调对行政权的法律控制，体现在治理实践中，治理主体越来越多地诉诸法律手段进行治理，治理行动的开展大都有章可循，依照相关法规或政策而行，即使没有现行法规可以依照，也经常在运动前的

准备阶段和运动实施过程中出台相关的行政规章（如通知、决定等），并不断在专项整治中形成正式制度，① 做到治理行动"有章可循，有法可依"。然而，互联网运动式治理实践中的治理违背法律的现象仍然长期存在。由于互联网运动式治理在启动前通常设置了特定的治理目标，明确了要整肃和解决的互联网问题。为了短期攻坚，解决好这些预先设定的目标，维护和改善互联网空间的秩序，使公众认可并使社会舆论满意，并以治理的有效性累积合法性，其治理强度一般很大，治理过程中使用的惩罚方式和手段往往升级，惩罚范围也常常扩大，常有强烈的超越法律程序和法规许可范围的冲动，由此互联网运动式治理出现了"弥散性惩罚倾向"，致使互联网运动治理的行动从表面看是依法而行，但实质上有违背法治之失，有伤害法治之嫌，这成为互联网运动式治理追求快速治理成效而带来的主要困境。

二、治理中的行政与法相悖的内在原因

（一）互联网运动式治理中的监管依据不足

从立法层面来看，互联网法律规制存在不少漏洞甚或空白，而现有的互联网法律法规的相关规定也存在许多模糊地带，因而互联网法律规制在文本层面的缺失需要"科学立法"的原则未能充分落地，也尚未能为互联网运动式治理中的许多行政监管行为提供充分的法律依据和指导。

1. 现有相关的互联网法律规范的"存量"不足导致互联网运动式治理中的监管依据缺失

互联网法律、法规、规章和其他相关规范性文件的存量不足主要是指：就互联网治理而言，虽然有法可依，但是现有的互联网相关的法律、法规、规章和相关规范性文件并不能很好地适应不断变化的互联网环境，因为这些规则和依据大多是简单地将传统法律、法规、规章和相关规范性文件借鉴并延伸到互联网空间，虚拟的互联网环境毕竟不同于非虚拟的社会环境，这种移植性的互联网法律、法规、规章和相关规范性文件是以传统法律部门划分的为基础，作用于互联网环境时自然经常适应不良，也就无法有效规制有关的互联网问题。

---

① 胡凌. 网站管理：制度与模式［J］. 北大法律评论，2009（10）：498.

2. 相关的互联网法律规范"增量"不足导致互联网运动式治理的监管依据缺失

互联网法的增量不足包括目前我国现有互联网法律、法规、规章和相关规范性文件等自身的绝对不完备，以及相较于互联网技术发展和互联网新问题涌现的相对不完备。互联网立法是互联网治理的基础，但由于各种客观原因，我国互联网立法不足，互联网运动式治理中的无法可依现象较为突出，从底层的互联网信息设施的规制依据，到中层的互联网服务提供商的有关法律、法规、规章和相关规范性文件，再到应用层的互联网信息内容方面的治理依据，都存在大量有待完善的空白地带。对于那些跨部门的互联网问题或超越传统法律部门管理范围的互联网新问题，更是存在大量的法律"荒原"。

例如，就互联网谣言治理而言，我国法律对何为虚假信息、何为散布虚假信息尚无明确规定，导致很多互联网造谣和传谣行为得不到快速有效治理，不仅不利于互联网管理，而且不利于网民把握网上发表言论的尺度。当然，打击网络谣言不能止于专项整治，虽然我国目前已有互联网方面的立法，但其立法还远远不能适应现实需求，导致互联网运动式治理中发生的"法治逾越"现象比较常见，所以完善相关的法律制度势在必行，同时也需要互联网媒体的自律、网民的自警自省。

其中，要特别指出的是，互联网运动式治理中可以遵循的行政法律程序缺失。相关的行政法律程序立法缺失会带来互联网运动式治理中的法律规制困难。行政合法性原则是指行政权的存在和形式必须依据法律，符合法律，不得与法律相抵触。行政合法性原则要求行政主体必须严格遵循行政法律规范的要求，不得享有行政法律规范以外的特权，超越法定权限的行为无效；违法行政行为依法应受到法律制裁，行政主体对其行政违法行为承担相应的法律责任。行政合法性原则不仅指合乎实体法，也指合乎程序法。实体法指规定行政主体在行政管理活动中的权利和义务关系的行政法律规范，程序法则是为保证行政行为程序公正，没有偏私，从而保障实体权利得以实现的行政法律规范。① 由于相关行政法律程序立法不足，互联

---

① 胡锦光. 行政法学概论［M］. 北京：中国人民大学出版社，2010：13.

网运动式治理中也常有逾越法律程序的情况。互联网运动式治理常常需要集中多个互联网相关管理部门的资源和力量进行专项整治，需要从互联网的常规运行模式切换到专项整治模式，这种切换有不合法律程序之嫌，很多时候是政策性的治理行为，而非法治性的治理行为。

例如，2009 年 11 月，由打击手机涉黄网站引发大规模互联网整治，先是关闭清理 BT 下载类网站，然后采取一刀切手段针对所有网站进行检查，部分省市的 IDC 机房为了排查违规网站，直接全部断网清查，很多合法网站受到直接影响，① 很难说直接断网是一种符合相关法律程序的处理方式，但的确是肃清涉黄网站的一种强力和有效的手段。行政法律程序是约束适用法律者的权力的重要机制，是进行理性选择的有效措施，是法律适用结论妥当性的前提。要求互联网监管主体遵循法定的时限和时序，并按照相关法规规定的方式和关系进行法律行为。

总之，由于历史和现实的原因，我国目前的互联网立法层级普遍较低，基本法律不完备，互联网行政管理的程序法更是有很多欠缺。互联网监管主体客观上也缺乏完备可行的程序法规和有条不紊的秩序条件。同时，互联网监管主体主观上的程序意识不强，缺乏对程序所造成的某种心理状态的无意识的服从，这两方面原因都导致互联网监管主体无法通过程序上的时间、空间要素来克服和防止法律行为的随意性和随机性，其法律行为会偏离一定的法律指向和标准，由此带来一些相关的法律规制困境。随着互联网发展，在互联网运动式治理法律程序上的无法可依的现象也会一定程度上日益显著，尤其在一些较新的互联网治理领域，如社交媒体、互联网金融等治理方面，缺少与此相应适应的法律法规进行规范。

（二）互联网运动式治理中的法律适用困难

在互联网运动式治理中相关的互联网法律规范的适用也存在很多困局。笔者认为以下几个方面的问题较为显著：

1. 互联网运动式治理所涉及的行政法律规范繁多而带来法律适用困难

一方面，随着互联网技术的快速发展，互联网很多新兴问题快速涌现，

---

① 任思强. 网络整风大规模验"证"10 余万网站关停［EB/OL］.（2009－12－30）［2024－06－21］. http://finance. sina. com. cn/g/20091230/04467173084. shtml.

这些问题本身的性质又极为多元复杂，这是由互联网的"多方利益相关者"的特性决定的。互联网涉及发送者和接收者、管理者和经营者、服务者和使用者等不同场景和不同层面的多种个体和群体的不同利益。

具体而言，在发送者层面，既包括组织发送者如电子商务公司、软件制造商、电子媒介、大学，也包括个人发送者即网民等；在内容层面，既包括互联网管理方如政府管理部门，也包括互联网经营和服务方如通信公司、互联网服务供应商、互联网金融服务公司，也包括个人内容生产者如公民自由主义者；在接收者层面，包括组织接受者如非政府组织和政府组织，也包括个人接受者如用户群体。① 这导致仅靠一方、仅靠某条法规来规制或者仅靠某种单一的规制方式来应对互联网问题非常困难。

基于其所涉及的各种利益相关方，如果从不同的角度来研究运动式治理，会得出不同的结论：从政治的角度来看，运动式治理是秩序导向的，其治理行为侧重秩序价值的追求，但有时会脱离具体的社会情境；从管理的角度来看，运动式治理又是效率导向的，其治理行为注重效率价值，但实践操作中如果过于追求效率，又有可能违背法律。因此，互联网的多方利益相关者特性导致了互联网运动式治理的各种利益、各种法律价值和治理理念之间的冲突，其涉及的行政法律法规是多方面的，这都导致了在运动式治理中，相关行政法律的适用存在较多困难。

另一方面，目前我国至今没有一部系统的互联网立法，涉及互联网的法律法规极多，较为碎片化，给互联网治理的法律适用带来困难，仅涉及互联网言论的法律规范就达到 20 余部，主要是以行政法规和部门规章形式出现。② 越来越多的法律规则引发了一些问题，如不同时间制定法律法规，使得各部法律间存在不统一，甚至相互抵触的情况，在法律碎片化的情况下，人们了解法律、适用法律也存在不便。

以我国打击网络侵权盗版的运动式执法活动为例，自 2005 年 5 月 30 日，国务院发布《互联网著作权行政保护办法》，正式确立网络著作权的行

---

① 章晓英，苗伟山. 互联网治理：概念、演变及建构［J］. 新闻与传播研究，2015（9）：117.

② 许玉慎，肖成俊. 网络言论失范及其多中心治理［J］. 当代法学，2016（3）：55.

政保护机制以来，我国持续开展打击网络侵权盗版的专项治理"剑网行动"，如"剑网 2020"是由国家版权局、工业和信息化部、公安部、国家互联网信息办公室四部门联合启动打击网络侵权盗版的一次专项行动，是全国持续开展的第 16 次打击网络侵权盗版专项行动。多年来，国家版权局等部门针对网络侵权盗版的热点难点问题，先后开展了网络视频、音乐、文学、新闻及网络云存储空间、应用程序商店等领域的版权专项整治，集中强化对网络侵权盗版行为的打击力度，相继查处了一批侵权盗版大案要案，有效打击和震慑了网络侵权盗版行为，改变了网络视频、网络音乐、网络文学等领域版权秩序混乱的局面。① 但是这种运动式执法效果比较短暂，著作权行政处罚威慑力不足，运动式执法活动并没有与刑事司法程序良好衔接，这也是网络盗版屡禁不止的重要原因。②

从以上两个方面看，互联网相关行政法律规范在适用时要适应互联网的多重属性，与行政执法程序相互配合，注重法律之间的有效衔接，形成合力，才有望收到良好效果。

2. 互联网法律法规模糊带来运动式监管中的法律适用困难

一方面，在互联网运动式治理中依据的互联网法律规范中有很多是宣示性条款，对网民的基本权利限制内容不明确，不能够给互联网运动式治理的执法者明确的执法指导，也不能对网民的行为给予确定性的指引，这些不确定的法律概念和概括条款以及不明确的法律规范就导致互联网管理部门在限定网民基本权利时面临困境。例如，以互联网内容监管为例，相关行政法律规范对互联网信息内容做出的基本判定不够清晰，因此判定标准就成为其监管的一个前提条件。《互联网信息服务管理办法》的"九不准"、《互联网新闻信息服务管理规定》的"十一不准"，以及《互联网电子公告服务管理规定》《互联网出版管理暂行规定》《互联网文化管理暂行规定》等，基本上是以上述"九不准"和"十一不准"来规制互联网信息

---

① 朱丽娜. 全国多地启动"剑网 2020"专项行动"剑"指五大领域侵权盗版行为［EB/OL］.（2020 - 07 - 30）［2024 - 06 - 21］. http：//media. people. com. cn/GB/n1/2020/0730/c14677 - 31804002. html.

② 杨彩霞. 网络著作权"两法衔接"程序机制之完善研究［J］. 云南大学学报法学版，2016（7）：78.

服务提供者的。从管理制范围来看，政府对互联网内容的管理范围非常广泛，把很多传统法律所规范和调整的内容也明确地表述出来，但大多互联网法规所列出的需要管制的互联网内容不仅多而且大都是原则性的，缺乏对各种信息的认定标准，在一定程度上硬性了具体的操作细节和对有害内容的认定。因此，管制内容界定不清，使得相关政府部门在监管时无标准可依，出现了监管过度和监管缺失同时发生的现象。① 而在整治互联网低俗之风的运动式治理中，对"色情""低俗""淫秽"等概念的掌握就不够明确，因为"色情"未必就是"淫秽"，"淫秽"不受法律保护，但"色情"未必不受法律保护，"低俗"更不是一个法律概念，② 这导致互联网运动式治理在针对不良信息和低俗内容的法律规制中常会遇到困难。

另一方面，我国的法律体系与政策之间并非界限分明，二者有很大程度的重合，由行政机关制定的行政法规、地方性法规、行政规章（部门规章和地方性规章）既属于法律体系，同时又是政策的一部分。又由于行政机关掌握法律议案提出权以及大量委托立法的存在，尤其是党的路线、方针、政策对国家立法的决定性影响，法律与政策之间的界限更加模糊。因为互联网运动式治理本身的运动特性，它常是依据相关政策而行，而并非依法而行，甚至在执法过程中，为了便宜行事，治理主体把临时政策异化为法律来执行，③ 这势必也会导致互联网运动式治理中的法律规制困难。

3. 互联网法律规范适用困难与相关法律法规滞后有关

由于历史和现实的原因，互联网运动式治理的治理转型节奏是滞后于互联网发展的，同时互联网法律规范的发展也远远落后于互联网现实，这些现状都导致了互联网法律规范的规制困难。例如，"互联网＋"的兴起正在从经济、政治、文化及思维方式、生活方式、管理方式等方方面面改变人们的生活，对很多社会事务的监管都涉及互联网的监管，Uber、滴滴打车

---

① 乌静，白淑英. 论我国互联网管制的政策主体与能力提升问题 [J]. 黑龙江社会科学，2009（4）：48.

② 北京市互联网信息办公室. 国内外互联网立法研究 [M]. 北京：中国社会科学出版社，2014：45.

③ 冯志峰. 中国政府治理模式的发展：从运动中的民主到民主中的运动 [J]. 领导科学，2010（2）：16.

等"互联网+"产品的出现，既改变了人们的出行方式，又对政府传统的出租车管理模式提出了挑战。以众筹、P2P、第三方支付、数字货币为代表的互联网金融的出现既丰富了人们的理财能力和支付方式，也对传统金融行业及其政府监管提出了挑战。

事实上，面对这场突如其来的"互联网+"运动，政府监管部门明显准备不足，相关的法律法规仍存在一定程度的滞后，这将导致政府监管的法律依据不足和滞后。① 随着互联网的迅猛发展，其相对于法律体系建设的滞后和互联网法律规范体系的完善，二者之间的"时差"会日益加大。互联网法的更新速度远远落后于互联网技术发展。互联网技术已经经过多次跨越式发展，同时依托互联网技术的诸多产业也飞速发展，例如各类互联网交易、移动支付、互联网金融服务等的发展更是一日千里，而相关法律并未及时调整，导致互联网运动式治理中面临的复杂问题很多时候的法律依据和相关司法解释不足或模糊，这给互联网的法律适用带来难度。

（三）互联网运动式治理中的法律执行困境

互联网运动式执法方面也存在很多问题，尤以执法偏离、选择性执法和执法方式局限等较为明显。

1. 互联网运动式执法中相关法律法规的法律位阶与效力之间存在悖论

一方面，现有互联网法规和规章等法律层级较低，其约束力较弱导致互联网法律规范的执行困难。目前，我国有关的互联网法律的效力存在着法律位阶相对较低和稳定性较差的问题。迄今为止，我国针对互联网监管的法律中《全国人大常委会关于维护互联网安全的决定》、《中华人民共和国电子签名法》、《中华人民共和国电子商务法》、《中华人民共和国数据安全法》和《中华人民共和国反电信网络诈骗法》等，是由全国人民代表大会常务委员会颁布的效力层级较高的法律，而其他相关的法律法规多为国务院及其部委发布的行政法规或部门规章，其法律效力位阶较低，约束力相对较弱，会导致互联网运动式治理中时常出现执法缺失或执法不到位的情况出现。

---

① 尹少成. "互联网+"与政府监管转型：机遇、挑战与对策 [J]. 法学杂志，2016（6）：55.

另一方面，在具体的法律执行中下位法对上位法时有"偏离"。例如，《中华人民共和国立法法》第八十七条规定"宪法具有最高的法律效力，一切法律、行政法规、地方性法规、自治条例和单行条例、规章都不得同宪法相抵触"，一般来说，无论从理论还是从现实来看，位阶越高的法律的政治合法性更强，尽管法治精神并不仅仅包含合法性，但高位阶法律往往更能体现约束公共权利、保障公民权利的法治精神，对政府行使权利的约束和限制也就越大，由于《中华人民共和国宪法》（以下简称《宪法》）作为高位阶法律的抽象性与社会事务的多元复杂性之间的不对称，其不容易在现实中运用，导致处于上位的《宪法》中的很多规定被"悬置"，与此相对，处于下位法的各种行政法规和地方性法规则，因为更细致和更贴合地方现实，在实际的法律执行实践中，治理所依据的主要是条例、规定、办法等各种行政法规和地方性法规，导致了法律位阶与实际效力呈现反比关系。但是由于互联网运动式治理所依据的相关互联网行政法规和地方性法规更加注重执法的便利，并在其中掺杂了地方利益和部门等诸多考虑，[①] 导致它们除了操作性更强，更便于执行以外，也可能偏离上位法的立法原则和精神，这在互联网运动式治理中体现得尤其明显。

2. 在互联网运动式治理中的"弥散性惩罚"的执法过度问题较为显著

在互联网运动式治理中"弥散性惩罚"较为常见，它有悖于行政合理性原则。由于行政合理性原则指行政主体不仅应当按照行政法律规范所规定的条件、种类、幅度和范围做出行政行为，而且要求行政行为的内容要符合立法精神和目的，符合公平正义等法律理性。行政合理性原则产生的主要原因是由于行政裁量权的存在，即在法律规定的条件下，行政主体根据其合理的判断，决定作为或不作为，以及如何作为的权力，这当然不意味着行政主体可以为所欲为，而是要基于立法精神和目的以及社会大多数人的公平正义观念来实施，行政合理性原则主要解决行政是否适当的问题。据此来看，互联网运动式治理中的有些行政行为的合理性和适当性是有待商榷的，其中的很多惩罚行为常逾越惩罚的适度原则，也偏离行政法的立法精神和目的。

---

① 张国军. 国家治理中的法治困境及其出路 [J]. 西南政法大学学报，2015（10）：24.

比如，2016 年 2 月，发生在哈尔滨松北区的"天价鱼事件"中，专项调查组对店主罚款 50 万元的处罚决定和处罚依据就受到公众质疑。① 在治理的过程中，互联网管理部门在强烈的治理冲动驱使下，惩罚力度和执法范围有时会扩大化，惩罚有时也会冲破法律的自由裁量所允许的范围和程度，导致"示众惩罚"，这种惩罚以法律法规面目出现，但实际上是惩罚在治理范围和治理程度上的弥散，有偏离法治和过度惩罚之嫌。

3. 互联网运动式治理中的选择性执法，有悖法治公平原则

运动式治理是专项治理，是针对特定对象、运用特定方式而采取的特定的行动以达到特定目标的一种特定的行为，是选择性治理。② 互联网运动式治理是运动式治理在互联网领域的使用，因此互联网运动式治理也体现出选择性治理的弊端。互联网运动式治理的目标是特定的，其治理也是间歇性和阶段性的，它终归是一种选择性治理，其治理的漏洞比较多，极易滋生治理对象的侥幸心理，消解其对政府权威和互联网法规的敬畏，由此，互联网运动式治理的机会成本很高，从而导致其治理的法治风险也比较大。具体说来，互联网运动式治理是针对运动中的顶风违规者或情节严重者，主要规制的也是那些进入监管部门治理视野的治理对象，那些没被树立为治理目标和治理对象的领域则不被波及，同时导致监管过度和监管不足，其间的选择性执法违背行政法治原则，在这种互联网运动式治理的选择性执法中，呈现出对法律的长期的、大范围的权宜性使用和法律工具主义倾向，长此以往，互联网运动式治理的公平性、有效性、合理性和合法性都会减损。

4. 互联网运动式治理的强制性执法方式较为局限，其监管效果弱化

在监管手段上，互联网运动式治理主要采取事前的刚性手段，如行政许可、行政处罚等。例如，在互联网约租车中，政府即以滴滴、Uber 等因缺乏政府许可的运营资质而做出扣押、罚款等行政处罚，事实证明，此种监管手段并未收到良好效果，各大互联网约租车企业通过各种方式与政府

---

① 天价鱼事件凸显旅游市场监管积弊 代价惨痛 ［EB/OL］. (2016 – 06 – 25) ［2024 – 06 – 21］. http://www.sxwq.org.cn/info/1026/7959.htm.

② 冯志峰. 中国运动式治理的定义及其特征 ［J］. 中共银川市委党校学报，2007 (4): 32.

监管部门进行"斗争"。① 可见，互联网运动式治理的强制性行政监管不仅执法效果弱化，且在强制性压力下也容易遭遇"上有政策下有对策"的执法抵触和反弹。

综上所述，互联网运动式治理中可以依据的相关的法律规范不足、治理实践中的相关法律规范的适用和执行方面仍然存在不少困难，这都需要其在后续的法治化转型过程逐步解决，互联网运动式治理在转向法治化的道路上仍然有很长的路要走。

互联网运动式治理中的治理行为悖论体现出其治理实践中在某些方面处于"依法行政"的层面，在某些环节上却还处于"以法行政"的层面，这二者同存于互联网运动式治理中，这种现状无疑距离"法治行政"和互联网法治还有较大的差距。众所周知，法治行政类型，是行政与法关系的成熟形态，在我国有些本属于"依法行政"类型的任务还没有完成，在某些方面或某些环节上，还处于"以法行政"的层面，从行政法制的发展史看，在同一国家中同时存在几种不同类型特征的情况不少见，而这些要素之间只要不相冲突或不互相抵消，就可以同存于一个统一体中，只要所缺少的因素并非"法治行政"全部要素的必要条件，某些方面就可以率先跨入法治行政的门槛，如果等所有条件都完全具备之后再提出"法治行政"的范式或要求，就可能耽误或延缓行政法治化的进程。②

因此，我们要同时看到，互联网运动式治理中蕴含着法治行政的转型动力，正在不断转向行政法治化。互联网运动式治理既有"合法"的一面，又有对法的"逾越"的一面，互联网运动式治理在非常规治理和常规治理的动态冲突中不断推进，这些都体现了互联网运动式治理的过渡特性。因而，互联网运动式治理需要不断向着法治化的方向转型，才能从根本上走出这些规制悖论，进而理顺规制机制和治理架构。

---

① 尹少成."互联网+"与政府监管转型：机遇、挑战与对策 [J].法学杂志，2016（6）：56.

② 江必新.行政法制的基本类型 [M].北京：北京大学出版社，2005：19.

第三节　治理主客体自身属性形成的"一点多面"困境

除了互联网运动式治理的行政法律价值的平衡困境和法律规制实践困境外，在互联网运动式治理法治化转型过程中，其治理主体、治理客体以及治理的主客体间关系也面临着一些困境。互联网运动式治理主体以政府的各级互联网监管部门为主，而互联网运动式治理的客体主要指这些互联网监管部门规制的对象。通过实施互联网运动式治理的具体行政过程，其治理主体达成对治理客体的规制目的。而互联网运动式治理的主体和客体因其本身的属性导致二者在治理运行中不断产生一些内在的冲突。

一、治理主体的复合性与同质化之间的冲突

（一）治理主体的构成具有复合性

行政主体是指享有国家行政权力，能以自己的名义从事行政管理活动，并独立承担由此产生的法律责任的组织。行政主体根据其实施行政职权的范围，可以分为外部行政主体和内部行政主体。外部行政主体可以分为九种类型：国务院、国务院各部委、国务院各直属机构、国务院各部委管理的国家局、地方各级人民政府、地方各级人民政府的职能部门、地方各级人民政府的派出机关、地方各级人民政府职能部门的派出机构、法律法规授权的组织。内部行政主体主要包括以下种类：一是行政机关，包括中央行政机关（即国务院、国务院各部委、国务院各直属机构、国务院各部委管理的国家局）和地方行政机关（即地方各级人民政府及其职能部门）；二是领导机构，各级行政机关均设有内部领导机构，其表现形式不尽相同，通常称为"会议"或"委员会"等；三是办公机构，各级人民政府的领导机构都设有相应的协助其执行日常工作的机构即办公机构，如国务院办公厅、省政府办公厅、市政府办公室、县政府办公室等；四是内部事务管理机构。

由是观之，由于互联网运动式治理的治理对象非常庞杂，对应的管理部门也极为繁多。参看表 3－2，2002—2023 年间历次全局性的互联网运动式治理行动的治理主体涉及当时的中共中央宣传部、中共中央对外宣传办

公室、文化部、公安部、信息产业部、教育部、国家工商行政管理总局、国家互联网信息办公室、国务院新闻办、最高人民法院、最高人民检察院等诸多部门。而且按照信息形态和治理内容不同，这些参与互联网运动式治理的不同部门又可以进一步被划分为大量不同的责任主体。上述表格中的全局性的互联网运动式的治理主体属于中央行政主体、外部行政主体、职权行政主体和公务行政主体。作为重要的行政主体，本书主要关注全局性的互联网运动式治理行动，因而上述治理主体只是互联网运动式治理主体中的有代表性的部分。在地方各级政府部门展开的其他互联网运动式治理中，还活跃着大量的其他种类的互联网行政主体。

另外，互联网运动式治理的主体不同于互联网治理的主体。后者类似于公共政策主体，不仅包括政府各个相关的互联网管理部门，也包括其他体制外的参与互联网治理的行业组织、相关企业（私营部门）和网民。① 而前者仍然以政府体制内的相关互联网监管部门为主，实际上互联网运动式治理是政府体制内的相关互联网管理部门共同参与的多部门管理，相关互联网监管部门在治理中扮演着领导者、协调者和参与者的多重角色。

表 3 – 2　主要的互联网运动式治理行动的治理主体

行动时间	类目	
	行动名称	治理主体
2002.07.1—2002.8.31	"网吧"治理专项行动	文化部牵头，公安部、信息产业部、国家工商行政管理总局等 8 部门部署组织参与
2004.07.16—2004.11.09	违法网站打击与举报行动	中共中央宣传部、公安部、中共中央对外宣传办公室、最高人民法院，最高人民检察院、信息产业部等 14 个部门联合行动
2005.02.27 始	高校 BBS 实名制行动	教育部和各级教育部门等 13 个部门共同参与
2006	文明自律办网站活动	中国互联网协会倡导多家网站参与

---

① 李小宇. 中国互联网内容监管机制研究 ［D］. 武汉：武汉大学，2014：59.

（续表）

行动时间	类目	
	行动名称	治理主体
2009	反低俗之风专项行动	国务院新闻办、工业和信息化部、公安部、文化部、工商总局、广电总局、新闻出版总署等部署行动
2013.08.20 始	反网络谣言行动（全国公安机关集中打击网络有组织制造传播谣言等违法犯罪专项行动）	全国各级公安机关广泛参与
2014.11.06—2014.12.31	反网络视频低俗化运动（"净网"行动）	国家互联网信息办公室、国家新闻出版广电总局等联合实施
2015	"净网2015""清源2015""固边2015""秋风2015""护苗2015"	国家互联网信息办公室
2016	"清朗"系列专项行动	国家互联网信息办公室、全国"扫黄打非"办、商务部、国家版权局等部门
2017	"净网 2017"	全国"扫黄打非"办公室及小组各成员单位
2018	"净网行动"	全国"扫黄打非"办公室、全国公安机关
2019	网络生态治理专项行动	国家互联网信息办公室部署开展，相关部门联合进行
2020	"清朗"专项行动	国家互联网信息办公室部署开展，相关部门联合进行
2021	"清朗"专项行动	国家互联网信息办公室部署开展，相关部门联合进行
2022	"清朗"专项行动	国家互联网信息办公室部署开展，相关部门联合进行
2023	"清朗"专项行动	国家互联网信息办公室部署开展，相关部门联合进行

（二）治理主体的属性较为同质化

在我国政府主导的国家治理中，政府承担着统治、管理、服务等各层次和政治、经济、文化等各领域的治理责任，国家治理规模巨大，事无巨细，处处都能发现政府的影子，导致国家治理的沉重负荷与政府膨胀相互强化的恶性循环，也导致国家治理资源的稀缺与运动式治理相互强化的恶性循环。这两个恶性循环都是对法治的巨大威胁。[①]

现代公共治理追求协调发挥有效市场、有为政府和有力社会的治理机制与治理过程，核心要义为主体的多元化。[②] 相对于此，从互联网运动式治理的主体的属性与数量角度来看，目前我国对互联网的监管是多部门共同参与的，互联网运动式治理的主体以政府各级互联网主管部门为主，陷入了同质化困局：

一方面，纵向来看，互联网运动式治理的主体较为单一。由于本书选取的主要是全局性互联网运动式治理案例，所以表 3 - 2 中所列的领导或参与治理行动的主体主要是中央政府层面的负责行政事宜的部门。而实际上还有很多地方政府和基层乡镇的诸多行政部门也都响应中央的全局性互联网专项治理行动而开展地方性互联网专项治理行动。

另一方面，横向来看，互联网运动式治理的主体具有封闭性，除了政府的各级互联网监管部门外，其他的互联网参与方，如互联网企业和普通网民大多情况下都是互联网运动式治理的规制对象，未被吸纳为互联网运动式治理的治理体系，未充分参与到互联网运动式治理中。

因而，互联网运动式治理的主体的同质化和单一性困局较为明显。目前，在面对体制外社会资源不断增加和互联网负面问题迭出的情况下，互联网运动式治理的主体的同质化和社会多元性之间的矛盾日益突出，导致互联网运动式治理的治理效率不断降低，而解决二者间的矛盾是提高政府机构的互联网执政能力的要求，也是国家治理现代化建设的题中应有之义。正如习近平主持召开网络安全和信息化工作座谈会并发表的重要讲话（"4·19"讲话）中所说，要推进国家治理体系和治理能力现代化，信息是

---

① 张国军. 国家治理中的法治困境及其出路 [J]. 西南政法大学学报，2015（10）：24.

② 魏崇辉. 公共治理理论中国适用性：批判的理路与话语的构建 [J]. 行政论坛，2018（5）：81.

国家治理的重要依据，要发挥其在这个进程中的重要作用，要以信息化推进国家治理体系和能力现代化，善于运用网络了解民意，开展工作，是新形势下领导干部做好工作的基本功。①

　　总之，自改革开放以来，我国社会结构急剧变迁，各种利益主体不断出现，其利益诉求也纷繁复杂，社会利益格局呈现出多元化趋势。在互联网舆论场中，种种互联网现象背后无不是主客体间的角力，中央政府、地方政府、传统媒体、互联网运营机构、意见领袖、网民等互联网参与者在互动中推动着互联网治理的发展，使其逐渐由非均衡走向均衡。② 互联网运动式治理需要适应这种互联网利益格局多元化趋势，才能推动互联网运动式治理的创新和转型。

二、治理客体的业务广泛与权利受限的冲突

　　互联网的虚拟空间是和现实空间并行的一个巨大场域，其间内容无所不包，甚至比现实空间还要庞杂。随着互联网全方位渗入现实生活，随着智慧城市的建设，政府的电子政务、公司管理网络化，到个人网络购物和电子支付等互联网新生事物都促使互联网治理对象进一步复杂化和立体化。③

　　互联网运动式治理是互联网治理的一个具体领域，以互联网监管机构对这些治理客体的管控为主要治理方式，而未将后者吸纳到其治理体系中，有悖公共治理大背景下的互联网治理客体的立体化和融合化趋势，因此互联网运动式治理的客体面临不少困局。

　　互联网运动式治理是基于传统的管制理念的治理方式，其"治理"接近"管理"、"统治"和"管制"。互联网运动式治理设定治理目标并划定治理范围，针对的是某些特定领域和行业的特定问题的集中整治，治理目标起初相对比较单一，由此互联网运动式治理目标的单维度和互联网治理客体立体化的矛盾日益明显，使得主客体之间不断碰撞、时时错位。因此，这里互联网运动式治理客体的困境主要指互联网快速发展而相对于互联网运

---

① 黄相怀. 互联网治理的中国经验 [M]. 北京：中国人民大学出版社，2017：2.

② 汪波. 中国网络监督与政府治理创新："四维制衡"视角透析 [M]. 北京：北京师范大学出版社，2013：224.

③ 姜明安. 现代国家治理有五大特征 [N]. 经济参考报，2014-11-04 (8).

动式治理主体调整的滞后给互联网运动式治理的客体发展带来的困境和制约。

（一）治理客体构成及业务繁杂

互联网运动治理的客体指的是互联网运动式治理主体的规制对象。由于其规制对象极为复杂繁多，只有秉持分清类别、筛选主次、有的放矢的原则才能全面而具体认识互联网运动式治理客体。

1. 互联网架构层面的客体

互联网治理客体大致包括对于"硬件"的治理和对于"软件"的治理。这里的"软""硬"件不是指计算机的"软""硬"件，而是指互联网系统的形式和内容。对于互联网形式层面的治理也就是对于互联网架构层面的治理，具体说来，包括互联网安全、互联网网站建设和互联网基础设施建设、传输技术、域名和根服务器、骨干网互联互通和结算等，由于这些互联网架构层面的内容不涉及互联网普通用户的直接使用，同时这些互联网结构层面的管理与互联网技术发展之间关系密切，存在治理方面的硬限制，通常由专业部门进行常规管理，除了某些涉及互联网安全的内容，其他内容大多时候不是互联网运动式治理直接涉及的对象。

2. 互联网功能和业务层面的客体

互联网经营者的互联网平台经营方式、互联网服务者的互联网信息内容生产活动和普通网民的互联网使用方式都属于互联网的功能和业务范围。互联网功能和业务形式繁多，大多涉及不同的互联网企业、服务平台和行业组织等。因此，对互联网企业、服务平台和行业组织的分类可为互联网运动式治理的功能和业务层面的客体研究做好必要的铺垫。

（1）互联网企业

广义的互联网企业是指以计算机网络技术为基础，利用网络平台提供服务并因此获得收入的企业。广义的互联网企业可以分为：基础层互联网企业、服务层互联网企业、终端层互联网企业。狭义的互联网企业是指在互联网上注册域名，建立网站，利用互联网进行各种商务活动的企业，也就是广义的互联网企业中的终端层互联网企业。根据这些互联网企业所提供的不同产品和服务，狭义的互联网企业可分为网络服务提供商、互联网服务提供商、互联网内容提供商、互联网应用服务提供商、互联网数据中心和应用基础设施提供商等。

从历次互联网运动式治理行动案例中可见，互联网运动式治理的治理对象主要包括狭义的终端互联网企业，它们提供以上各种服务给互联网用户，满足了互联网用户的使用需求。这些终端互联网企业包括以下几种：

①基础服务类互联网企业：如表3－3所示，提供基础服务的互联网企业主要包括提供信息搜索服务、新闻资讯服务、信息交流和信息聚合服务的企业。就其业务内容来看，信息搜索服务是互联网企业提供信息浏览和搜索引擎技术，帮助互联网用户快速浏览信息、便利搜索信息的服务。目前提供信息搜索服务的代表性平台有谷歌和百度等。新闻资讯服务包括整理和分类新闻信息，以方便互联网使用者浏览和阅读。其中，代表性的综合资讯服务平台主要有新浪、搜狐、网易等。还有众多的地方性信息资讯服务平台，如"南方网"（广东）、"湖南在线"、"星辰在线"（长沙）、"703804.com"（温州）等。除了这些综合的信息资讯平台，还有许多垂直细分的资讯服务平台等。这些提供互联网基础信息服务的企业通过自己的业务运营给互联网使用者提供了多种多样的服务，其中的很多失范行为经常成为互联网运动式治理的重要内容。

表3－3　互联网基础服务类互联网企业（平台）和业务

企业类别及举例			业务内容
信息搜索服务企业	跨国搜索服务企业，如谷歌		搜索、浏览器、邮箱、视频、地图、翻译等综合服务
	国内搜索服务企业，如百度		综合搜索、垂直搜索服务（如百度学术、百度地图、百度翻译）等约60种服务
信息资讯服务企业	综合资讯服务企业	跨国门户网站，如雅虎	综合性的信息咨询服务、邮箱服务等
		国内门户网站，如新浪	综合性信息咨询服务、邮箱服务等
		国内地方网站，如南方网（广东）、湖南在线（长沙）	综合性信息咨询服务等
	垂直资讯服务企业	行业咨询服务，如虎嗅网	专门行业领域的咨询服务等

（续表）

企业类别及举例			业务内容
信息交流服务企业	即时通信服务	服务于普通用户的平台，如腾讯 QQ、微信、Skype 等	"腾讯"还提供门户、搜索、社区服务、增值服务、娱乐平台、电子商务等服务
		服务于企业用户的平台，如腾讯 RTX、MSN 等	
	公共论坛	政治性 BBS，如人民网 BBS	
		商业性 BBS，如新浪 BBS	
		社会性 BBS，如天涯 BBS	
	个性化服务	博客，包括政治性、军事类、商业性、生活类等	
		微博，如 Twitter、新浪微博等	
		其他，如威客、播客等	
信息聚合服务企业	分类信息服务	如 58 同城、赶集网等	
	网址导航服务	如 360 导航等	

②商务应用类互联网企业。随着互联网经济发展，很多商务应用类企业蓬勃发展，其提供的服务越来越丰富。如表 3－4 所示，在电子商务领域，很多互联网企业在摸索盈利模式过程中通过匹配买家与卖家之间的供需关系形成了多种经营模式，其中企业对企业的 B2B 模式的主要平台有"阿里巴巴"等；企业对个人的 B2C 模式的主要平台有天猫、京东等；个人对个人的 C2C 模式的主要平台如淘宝等；企业与政府之间的电子商务活动由政府在互联网上发布政府采购清单，企业在线上完成政府采购的接单和处理，很多不同层级的政府都开通了自己的电子化政府采购平台，中央层级的政府采购平台有中央国家机关政府采购中心的网站——中央政府采购网（www. zycg. gov. cn）等，省市地方层级的政府采购平台有北京政府采购网

（www. ccgp-beijing. gov. cn）等。

表 3 – 4　商务应用类互联网企业（平台）及其业务

企业类别			代表性企业（平台）
电子商务	综合性企业	B2B	阿里巴巴、慧聪网等
		B2C	天猫、京东、当当、亚马逊、唯品会等
		C2C	淘宝网
		B2G	中央政府采购网，北京政府采购网等
		Online to offline	美团、糯米、饿了么等
		Offline to online	苏宁易购、国美和海尔的在线商城等
	垂直性企业		找钢网（钢铁行业）等，携程网（出行服务）等
	交易支付		支付宝、微信支付、银联在线、百度钱包等
	互联网金融		P2P 理财产品，如蚂蚁聚宝等
	共享经济		滴滴快车、首汽约车、曹操专车、哈罗单车 hello bike 等
人才招聘	综合性		智联招聘、中华英才网等
	垂直招聘		应届生招聘网、梧桐果招聘、拉钩网等

③娱乐类互联网企业。在带宽不断增加，上网速度不断提升的背景下，提供娱乐服务的互联网平台发展非常迅速，如表 3 – 5 所示，在运营影视音频的商业平台中，音频类主要平台有 QQ 音乐、网易云音乐、酷狗音乐盒、百度音乐等，视频类主要平台有诸如腾讯视频、优酷、哔哩哔哩等。此外，有代表性的直播类平台有斗鱼直播、虎牙直播、六间房、AU 直播等。互联网的社交功能日益凸显，出现了综合性互联网社区，如 friendster、MySpace、Bebo、Facebook、Titter、天涯、猫扑等。还有很多特定群体的互联网社区也得以较大发展，如知乎、豆瓣等。此外还有一些交友互动社区，以世纪佳缘、珍爱网等为代表。在从事网络游戏经营的企业中，腾讯、百度等都有自己的代表性系列，腾讯受欢迎的手机游戏有天天系列（如爱消除、酷跑）和全民系列（如打飞机、突击）等，也有很多人偏爱百度手机游戏欢乐系列（斗地主、麻将），还有其他很多电脑游戏也很受欢迎，如英雄联盟、魔兽世界等，这些不同平台上的游戏服务满足了不同群体的娱乐休闲需求。对这些提供娱乐服务的互联网企业的经营行为的规范和治理也是互联网运

动式治理的主要内容之一。

表 3 – 5 娱乐类互联网企业（平台）及其服务

企业类别		代表性企业（平台）
影视音频服务平台	音频服务平台	QQ 音乐、网易云音乐、酷狗音乐盒、百度音乐、播客等
	视频服务平台	网站视频举例：腾讯视频、乐视网、搜狐视频、优酷、哔哩哔哩（bilibili）等
	直播服务平台	斗鱼直播、虎牙直播、熊猫 TV、一直播、映客、YY 直播、花椒、章鱼 TV、企鹅直播、触手 TV、全民直播、龙珠、战旗、繁星直播、KK 秀、来疯直播、么么直播、六间房、AU 直播等
互联网社区	综合性社区	friendster、MySpace、Bebo、Facebook、Titter、天涯、猫扑等
	特定群体社区	知乎、豆瓣、Mtime 时光等
	交友互动社区	人人网、同城网、世纪佳缘、珍爱网、开心网、SNS 平台等
网络游戏	手机游戏	腾讯天天系列	爱消除、酷跑等
		腾讯全民系列	打飞机、突击等
		百度欢乐系列	斗地主、三张牌、麻将等
	电脑游戏	英雄联盟、dota2、剑灵、炉石、魔兽世界、梦幻西游、地下城与勇士、穿越火线等

④互联网媒体。互联网具有媒体属性，随着互联网技术的发展，广告业务也从线下和传统媒体迁移到互联网上，很多运营广告类业务和运营新闻登载类服务的互联网企业也不断增多，其广告业务模式也从在线广告到互动广告再到计算广告。① 从表 3 – 6 中可见，新闻登载类的平台有很多是传统纸质媒体、广播电台和电视台依托的互联网平台或者门户网站开发的网络版，如《人民日报》网络版、央视网等。还有，随着移动互联网发展和智能手机普及，个人可以在微信公众平台上开办自己的媒体，利用自媒体

---

① 马澈. 关于计算广告的反思：互联网广告产业、学理和公众层面的问题［J］. 新闻与写作，2017（5）：20.

平台发布信息。由于强烈的逐利冲动，这些互联网自媒体的经营内容和经营方式偏离规范的风险较高，成为互联网运动式治理的主要治理对象之一。

表3－6　互联网媒体及其业务

媒体类别	业务内容及举例
互联网广告平台	CPC：按点击收费的广告
	CPA：按行为收费的广告
	CPM：按千次付费（按展示收费的）广告
	CPS：按销售收费的广告
	CPT：按时长收费的广告
	CPD：按天付费－按播放量计费
	CPV：按播放计费的广告，如"易特""168"
传统媒体的网络版	例如：人民日报、央视网等
自媒体平台	各微信公众号等自媒体平台

（2）互联网行业组织

互联网企业迅速发展壮大使互联网行业规模和互联网资源都得到很好的积累，为了进一步规范和促进行业发展，参与互联网行业经营的各方，诸如互联网运营商、互联网服务提供商、互联网设备制造商、系统集成商等，共同组织成立了很多行业组织和行业协会，如中国互联网协会、中国互联网金融行业协会、中国互联网上网服务行业协会、中国计算机行业协会、全国软件行业协会、中国电子商务协会、中国信息协会等。其中，中国互联网协会是我国目前最大的互联网行业组织，成立于2001年5月25日，由中国互联网行业及与互联网相关的企事业单位、社会组织自愿结成的全国性、行业性、非营利性社会组织，登记受管理机关即中华人民共和国民政部和业务主管单位工业和信息化部的业务指导与监督管理，目前协会秘书处下设多个办事机构、工作委员会、工作组和专项工作机构。[①] 这些互联网行业协会和组织促进了互联网行业建立组织规范，并发出行业自律号召，参与了很多互联网运动式治理，例如文明办网站行动、互联网自律

---

① 许航. 中国互联网协会成立［J］. 信息网络安全，2001（6）：9.

行动等。互联网行业协会和组织还通过制定行约、行规，有力维护了互联网行业整体利益，保护互联网用户的合法权益。此外，互联网行业组织也与科研、教育机构进行合作，成立相关组织来整合互联网企业、事业单位和学术团体资源，努力加强企业与政府的交流与合作，促进相关政策与法规的实施。

（3）互联网普通使用者（网民）

在网络中具有双重身份：一个是现实社会中的公民身份，另一个则是互联网空间的网民身份。而智能手机和社交媒体的使用，使得网民身份也变得复杂起来，网民不仅是信息的接收者，更加成为信息的生产者和传播者。网民作为一个巨大的社会群体，他们在互联网空间的活动成为互联网运动式治理的一个重要治理对象。随着互联网暴力和"人肉搜索"等网民非理性的互联网使用行为给互联网秩序带来混乱，互联网上网实名制、互联网谣言治理和倡导文明自律上网等制度探索和治理实践都是互联网管理部门通过规范网民的互联网使用行为来维护互联网秩序的努力。如果说互联网企业是互联网上的一些大的节点，那么网民则是互联网上无数个广泛分布的微小端点，因而网民的互联网使用活动较为具体而复杂，其治理较为困难，成为互联网运动式治理的重要治理对象之一。

（二）治理客体的权利受限

1. 治理客体的权利和义务

行政行为是指行政主体行使行政职权所做出的能够产生行政法律效果的行为，要求行政行为是执行法律的行为，任何行政行为均需有法律依据，没有法律的明确规定或授权，行政主体不得做出任何行政行为。行政行为具有一定的裁量性，裁量是在法律范围内的裁量，而从属于法律也是在充分发挥主观能动性的前提下，根据立法精神和立法目的积极灵活地执行法律，从而能够更好地进行行政管理。[①] 互联网运动式治理不能简单地看作是政府在互联网领域的行政行为，因为互联网运动式治理中的"法治逾越"和"弥散惩罚"使得它并不完全符合行政行为的概念界定。而互联网运动治理的客体指的是互联网运动式治理主体的规制对象。严格意义上讲，互

---

① 胡锦光. 行政法学概论［M］. 北京：中国人民大学出版社，2010：53.

联网运动式治理的客体不完全是行政法中的行政相对人。在我国，行政相对人是指在行政法律关系中与行政主体相对应的另一方当事人，是其权益受行政主体的行政行为影响的个人或组织。由于行政相对人具有相对性，在这个行政关系中的相对人可能是另一个行政关系中的行政主体，而在别的行政关系中的行政主体则可能成为这个行政关系中的行政相对人。① 随着民主政治的不断发展，人们主体意识的不断增强，行政管理相对人不再被单纯地看成管理对象，它们赢得了行政法律关系主体地位。行政相对人既可以是组织，也可以是个人。组织包括国家组织、企事业单位、社会团体以及其他社会组织和在中国境内的外国组织；个人包括我们公民和在我国境内的外国人、无国籍人。它们都可成为行政关系相对应一方的主体。② 而在互联网运动式治理模式中，因长期以来受到传统行政法理论的影响，治理主客体间的地位和角色较为僵化，所以仅仅把互联网平台和企业、网民等互联网使用者看成一种消极、纯粹的管理对象。

　　行政相对人具有一些特征，行政相对人是指被管理一方，不具有行政管理职权。但"被管理"地位并不意味着它只负有义务，而不享有权利。实际上，相对人既有义务也有权利（如申诉权、控告权等），只是与行政主体相比较，它处于被管理的一方。③ 虽然互联网运动式治理的客体有与行政法意义上的行政相对人的概念界定不一致之处，但也有很多重合的地方。其治理客体具有行政相对人所具有的权利。例如，互联网运动式治理的客体具有提出互联网使用方面的申请的权利，有参与互联网行政管理的权利，有申请与互联网管理和使用有关的听证的权利，有对互联网管理事项和互联网法律法规等的知情权，有对互联网管理行为不满时申请行政救济的权利。④ 互联网运动式治理的法治化转型则意在实现对治理客体的所有上述权利的充分保障。同时，互联网运动式治理的客体也要承担行政相对人的义务。例如，服从互联网行政管理的义务，遵守互联网管理部门发布的行政法规、行政规章和其他规范性文件，执行相关互联网管理机构做出的行政

---

① 胡锦光. 行政法学概论［M］. 北京：中国人民大学出版社，2010：46.
② 胡锦光. 行政法学概论［M］. 北京：中国人民大学出版社，2010：47.
③ 胡锦光. 行政法学概论［M］. 北京：中国人民大学出版社，2010：47.
④ 胡锦光. 行政法学概论［M］. 北京：中国人民大学出版社，2010：47.

处理决定等；协助互联网治理主体及其工作人员对互联网监管实行管理的义务；互联网运动式治理的客体有遵守互联网法律法规的法定程序要求的义务，也就是说，治理客体参与互联网运动式治理时，在请求其治理主体为一定行为或要求其为一定行为时，应遵循相关的法定步骤、手续和时限的要求，否则要承担相应的法律责任，等等。

2. 互联网运动式治理客体的维权困境

众多的互联网企业、平台或媒体，互联网行业组织和普通网民在权力的行使层面和权利维护层面都面临困境。需要指出的是这些或大或小的困难不是孤立存在的，大都与互联网相关立法数量和质量欠缺、互联网相关行政法律法规的司法和执法中的问题紧密相关。

一方面，互联网运动式治理的客体不能充分行使参与互联网管理和监督的相关权力。从权力行使的层面看，一方面，政府主导的互联网运动式治理是一种互联网治理的行政行为，而非制度化构建行为，这种非制度化行政缺乏程序设定和参与机制，因而，不能保障互联网企业、平台、媒体、行业组织和网民参与互联网治理与监督。① 另一方面，互联网监管除了使用他律的思路外，也存在另外一条自律和自治的思路。但是目前互联网治理模式中，政府过于严格的管控措施使互联网行业组织或协会等互联网自律组织成长成熟较慢，也使得其相关权利保障困难，其互联网自治的权利不同程度被空置，而其专业技术和互联网资源优势也无法充分发挥，也不能据此对互联网进行更为便利和更为自主灵活的调节。②

另一方面，互联网运动式治理的客体不能有效维护其互联网领域的相关权利。从权利维护的层面看，互联网企业、平台或媒体、互联网行业组织和普通网民不能充分维护自身在互联网领域的相关权利，且一旦被侵权也缺乏救济途径和机制，这是互联网运动式治理的客体面临的较为显著的困境。例如，我国现行规范互联网言论表达的法律多是由行政机关出台的或委托行政机关起草的以维护安全、稳定秩序为主旨的规定，其内容更是重在规范表达自由权行使边界的禁止性规定，对网民表达权的直接保护并

① 张国军. 国家治理中的法治困境及其出路［J］. 西南政法大学学报，2015（10）：20.
② 许玉慎，肖成俊. 网络言论失范及其多中心治理［J］. 当代法学，2016（3）：56.

没有得到很好体现，更缺乏网民权利救济的相关规定。① 这必然会导致互联网企业、平台或媒体、互联网行业组织和普通网民无法充分享有并有效维护自身的信息自由权。当然，除了互联网相关的法律规范的立法不足以及法律运行中的欠缺所关涉的治理客体的困境外，互联网企业、平台或媒体、互联网行业组织和网民等自身的道德修养、法律意识、文化素质和媒介素养和相关能力不足也会导致其维护相关权利以及履行相关法律的义务方面存在一些困难。

三、治理的主客体互动而致的"一点多面"困境

随着互联网全方位渗入现实生活，随着智慧城市的建设，政府的电子政务、公司管理网络化，到个人网络购物和电子支付等互联网新生事物都促使互联网治理对象进一步复杂化和立体化。② 互联网运动式治理以互联网监管机构对这些治理客体的管控为主要治理方式，治理是基于传统的管制理念的治理方式，其"治理"其实比较接近"管理"和"管制"。互联网运动式治理设定治理目标并划定治理范围，针对的是某些特定领域和行业的特定问题的集中整治，治理目标起初相对比较单一，而未将后者吸纳到其治理体系中，由此互联网运动式治理目标的单维度和互联网治理客体立体化的矛盾日益明显，有悖公共治理大背景下的互联网治理客体的立体化和融合化趋势，同时，基于前文所述的互联网运动式治理的主体和客体自身的属性，可以看到，它们二者在互联网运动式治理的动态互动过程中必然不断碰撞、时时错位。

（一）运动式治理的管制思维限制互联网的优势发挥

互联网的诸多特性奠定了互联网具有独特的信息传播和交流优势，而互联网运动式治理的治理主体无法良好适应其变化，对互联网的运动式治理限制了其优势的充分发挥。

（1）运动式治理的集中化管制思维使得互联网信息传播和交流的平等性优势发挥受限。互联网具有去中心化特点，但运动式治理主体无法良好

---

① 张国军. 国家治理中的法治困境及其出路 [J]. 西南政法大学学报, 2015（10）: 20.
② 姜明安. 现代国家治理有五大特征 [N]. 经济参考报, 2014 - 11 - 04 （8）.

适应互联网的去中心化特性。相对于中心化的传统媒体而言，互联网上的很多节点是网状分布并相互连接的，每一个节点都可能影响其他部分。由此，互联网的"去中心化"和"反控制性"造就了互联网空间的信息流动的网状分布和多向流通，因而互联网信息传播和交流具有了平等性优势。互联网的去中心化特性和信息传播的反制性需要一种多中心的治理模式，而传统的互联网运动式治理方式则是一种集中化的治理模式，二者间的冲突导致了互联网运动式治理无法适应互联网发展趋势，其治理效果弱化导致政府采取更剧烈的运动式治理的方式，试图在治理的局部重新"中心化"或"集中化"，以便于暂时缓解互联网治理的压力，① 但却限制了互联网信息传播和交流的平等性优势的充分发挥。

（2）运动式治理的强力管制使得互联网信息传播和交流的自由性优势发挥受限。互联网的本质特征之一是它的虚拟性，在这个虚拟空间中网络参与者可以凭借虚拟身份进入互联网的虚拟世界，因此互联网具有匿名性特点。这奠定了互联网空间信息传播和交流受到的审查和限制等不自由因素影响比传统媒体更少，因而互联网信息传播和交流体现出更加自由的优势。而互联网运动式治理的过于强力的管制则限制了这种自由优势的充分发挥。

（3）互联网运动式治理的政府主导性监管使得互联网信息传播和交流的兼容性优势发挥受限。互联网用户可以自由浏览互联网内容，后者对前者的开放性和兼容性是互联网的又一重要特点。② 互联网可以将线上与线下、虚拟与现实、过去与现在等连接在一起，其兼容性使得互联网信息的传播和交流具有开放性优势，而互联网运动式治理的治理主体以政府体系内的互联网管理部门和互联网管理人员为主，是传统的封闭的管制型治理，这和互联网的兼容性形成冲突，无法有效应对错综复杂的互联网问题，同时也会限制互联网的兼容性优势的充分发挥。

（二）运动式治理的分割治理阻碍互联网的融合发展

目前，互联网治理的主体和客体之间的界限日益模糊，不同治理客体

---

① 胡泳. 中国政府对互联网的管制［J］. 新闻学研究，2010（4）：272.
② 唐守廉. 互联网及其治理［M］. 北京：北京邮电大学出版社，2008：4.

之间也出现融合趋势。从网民角色的多重性就可以看到这一点。互联网运动式治理规制的一个重要群体就是网民，网民是数字时代民主社会的"数字公民"，①自媒体和社交媒体及其他即时通信软件使每个网民既是信息接收者，也是信息发布者，它们既是治理客体，也可以随时反客为主，转变成为治理主体。网民的多重角色使得对他们的互联网使用行为的治理变得很棘手。相对于此，互联网运动式治理通常针对特定问题加以治理，需要切割治理对象和治理范围。如果参照表3－7，从2001—2023年间历次主要的互联网运动式治理行动的名称可见，这些行动涉及互联网各种治理领域，从互联网内容治理、互联网经营规范和经营秩序治理、互联网使用方式的治理，到新媒体及周边业务的治理等，其治理目标的切分越来越细小，固然是治理不断细化和深化的要求，但过于细碎的切割治理缺乏系统性规划，且与互联网运动式治理的主客体融合发展趋势相冲突，会加剧治理的主客体间的矛盾。

表3－7　全局性互联网运动式治理行动总表

年份/年	行动名称
2001	互联网上网服务营业场所管理
2002	"网吧"治理专项行动
	互联网有害信息专项治理
2003	打击盗版软件专项治理
	"私服""外挂"专项治理
2004	违法网站打击与举报行动
	垃圾电子邮件专项治理
	网吧等互联网上网服务营业场所专项整治
2004—2005	互联网清理整顿
2005	高校BBS实名制行动
	"净网"行动（2005年开始每年开展）
2006	文明自律办网站活动

---

① 唐守廉. 互联网及其治理［M］. 北京：北京邮电大学出版社，2008：6.

（续表）

年份/年	行动名称
2007	依法打击网络淫秽色情专项行动
	进一步加强"网吧"及网络游戏管理工作
2008	依法打击整治网络淫秽色情等有害信息专项行动
2009	反低俗之风专项行动
2009—2010	进一步整治互联网和手机媒体淫秽色情和低俗之风
2011	整治非法网络公关行为专项行动
	"净网"行动
	全国互联网上网服务营业场所专项整理清理工作
2012	打击整治网络违法犯罪专项行动
	集中整治利用互联网、手机媒体传播淫秽色情和低俗信息
2013	"净网"行动
	反网络谣言行动
2014	反网络视频低俗化运动（"净网"行动）
	打击网络"盗号"为主的专项治理行动
	治理移动互联网恶意程序专项行动
	打击网络暴恐影音专项行动
2015	"婚恋网站严重违规失信"专项整治
	重点整治"微信"公众号
	电话"黑卡"治理专项行动
	国家"网信办"统筹开展"净网2015""固边2015""清源2015""秋风2015""护苗2015"等五个专项行动
2016	全国政府网站抽查、"护苗2016"专项行动、"剑网2016"专项行动、"清朗"系列行动；互联网金融风险专项整治行动；网址导航网站的专项治理；网络直播平台专项整治；
2017	工商总局网络市场监管专项行动；全国"扫黄打非"办公室领导组织"扫黄打非"部门组织开展"净网2017""护苗2017""秋风2017"等专项行动；

（续表）

年份/年	行动名称
2018 年	"净网行动""清朗"专项行动等
2019 年	网络生态治理专项行动、"净网行动"、"清朗"专项行动等
2020 年	"净网行动""清朗"专项行动等
2021 年	"净网行动""清朗"专项行动等
2022 年	"净网行动""清朗"专项行动等
2023 年	"净网行动""清朗"专项行动

因而，要看到治理的主客体的融合趋势，也要看到互联网运动式治理的主体和客体之间关系不对称、不平衡。也就是说，相对于治理客体的快速成熟，互联网管理机构等治理主体的发展较为滞后。移动互联网技术使得公众可以便利地通过自媒体发布事件信息，引起社会广泛关注，在各种媒体共同构筑的舆论压力下，政府启动处理程序并对相关领域进行运动式治理，这种互联网运动式治理的发生机制很常见。例如，前几年舆论和公众广泛关注的旅游行业的价格欺诈问题，从青岛大虾事件、海南元贝事件等，再到黑龙江天价鱼事件，都是涉事人通过微信、微博等方式引爆，继而酝酿、发酵并引起政府部门介入解决，最终引发了相关行业的大范围专项整治行动。

可见，越来越多的互联网运动式治理行动都是由自媒体"维权"事件触动后开展起来的。而新媒体技术在其中起到了催化作用，它加速了信息社会发展的诸多不平衡，也大大加重了治理主客体间的不对称的情形：互联网技术和自媒体发展速度较快，远超互联网治理体制更新的速度，而公众经由自媒体技术的训练，权利意识迅速提高，他们的互联网素养和互联网权利诉求也远超治理主体的理念和行为转变速度，因而互联网运动式治理的主体的发展速度相对于客体发展速度产生严重延迟，日益呈现传播技术对政府治理行为和治理方式的挤压和挑战，这种治理主体和治理客体之间因发展速度不同而产生的动态差距可看作是治理的主客体间的"堕距"。美国社会学家 W. F. 奥格本认为，在社会变迁的过程中，物质文化与科学技术的变迁速度往往是很快的，而制度与观念等部分的变化则较慢，这就产生了一种迟延现象即"文化堕距"。本书借用这个概念来表示互联网发展和政府互联网治理体制建设间差距。这种"堕距"的加剧成为当今互联网运动式治理法治化转型的主客体间困境的催生点，也成为互联网运动式治理限制互联网发展的一个因素。

总之，信息社会的现实情势要求互联网监管部门在思维方式和治理模式上快速做出适应性的调整与变革，只有努力解除互联网运动式治理的主客体间的不平衡状态才能弥合这种"堕距"。另外，随着新旧媒体的交叉融合，随着互联网企业、行业协会和网民的交互渗透，随着互联网治理的深入发展和参与治理的主体不断增多，互联网运动式治理必然要面对客体主体化、主客体一体化发展的融合趋势，以往那种简单区分治理主客体的截然分立的"二元式"治理思维限制了互联网的融合发展趋势，需要进行合理转型。

第四章
从运动式治理到回应型法的转型

基于法律的开放性与完整性之间的矛盾，有关学者把法律类型划分为压制型法、自制型法、回应型法三种，其中，压制型法使法律机构被动地适应社会环境；自制型法则盲目接受完整性的形式主义，为机械保持机构的完整性，不加以区别开放性；而回应型法却能够很好地处理开放性与完整性之间的矛盾，能够很好地调整二者之间的张力。①

在相当长的一段时间内，互联网运动式治理是对于互联网现实的一种被动适应，体现出早期行政法发展的特点，也体现出行政关系和法律秩序的单一化，体现出一种压制型法的逻辑，因而导致了它在转向法治化的过程中法律价值平衡难、治理被动滞后及治理思路单一等困境。要应对这些困境首先要从运动式治理的压制型法的逻辑中走出来，不断转向回应型法的逻辑。

第一节　走出压制型法的困境

一、从失衡到平衡的法律价值转向

前文系统分析了互联网运动式治理的法律价值理念的困境，这些价值

---

① P. 诺内特，P. 塞尔兹尼克. 转变中的法律与社会 ［M］. 北京：中国政法大学出版社，2002：85.

理念的困境都需要在互联网运动式治理的法治化转型过程中逐步应对。法的价值主导着法律的设立出台、具体实施和调整演进等过程。因此，法律价值理念就成为一个极为重要的议题。而法律价值必然是多元的，其多元性源于社会生活的复杂性及其主体需求的多元性。价值多元是必然的，社会结构各领域中法需要的不平衡、社会主体需要的不平衡和法律主体自身法需要的不平衡在社会运行中逐渐转化为相互分裂的价值体系，导致法的价值不断分化。这些法律价值间不仅是和谐并存的状态，也有相互冲突的状态，如果不能妥善协调这些价值冲突，可能会破坏既有社会秩序和社会结构，而解决不同价值形式间发生的矛盾冲突需要复杂的利益衡量和价值衡量。

互联网运动式治理致力于解决互联网领域长期累积的问题，这些问题的难治性和典型性使得其间涉及的法律价值是多元的，且其多元法律价值间的冲突也极为明显。根据划分法律价值层次的理论，在与某一个价值相联系的价值系统中不能机械地坚持某一价值为中心，价值中心论是不实际的，会导致认识上的偏颇，使被视为中心的价值失去中庸而公允的实质，但在法律价值选择的实践中则可遵循核心价值优先原则，在此原则下秩序、自由、正义等居于法律价值系统中的核心位置，是其他价值的评价标准。本节从诸如自由、秩序和正义等一些核心法律价值间关系角度来分析在互联网运动式治理行动中的法律价值冲突的平衡问题。具体来说，解决这些客观存在的互联网法律价值冲突需要从以下两个方面着手：

（一）基于互联网法之价值的静态性和动态性考量

一方面，从法的价值的静态性来看，西方学者认为法律具有三大基本价值：秩序、公正、个人自由，三者是一个有机整体。秩序是人类生存的基本条件，自由是人类生存和发展的必需，公正是人类社会得以维持的保证。法的基本价值是法的其他价值必须遵从的价值，并且是其他法的价值的评价标准。① 有学者认为在法律价值衡量过程中可以遵循价值法定原则，即在法治社会中遵守既存的法律规定，特别是在关于法的根本问题，即法

---

① 翟晓蕾. 从公正与效率的关系透视行政程序法的价值取向 [J]. 黑龙江社会科学, 2007 (4)：179.

律价值的抉择时，要以法律已有规定作为选择的主要依据，要明确规范性法律文本在法律体系中的纵向等级作用，既有法律的位阶高低会直接影响到法律价值衡量过程。① 而在这几种基本法律价值中，一般来说，根据法律位阶高低的不同，当低位阶的价值与高位阶的价值冲突时，高位阶的价值会被优先考虑，当然同时也会灵活考虑其他因素来达成整体兼顾和平衡。譬如，通常来说自由的价值优于正义的价值，正义的价值优于秩序的价值。就互联网运动式治理实践中的法律价值选择而言，其所导向的目标大多时候是达成互联网空间的有序和稳定，在治理中经常被前置的法律价值是秩序和安全的价值，而在考虑其他因素及平衡不同价值方面有所欠缺。因此，在互联网运动式治理中维护基本的法律价值间的平衡是很重要的。

另一方面，基于法的价值的动态性来看，理论上中庸和公允的各种法律价值，在治理实践中客观上往往形成先后主次和轻重缓急，法律运用过程中需要据此进行权衡和抉择。② 动态性原则要求用运动的观点来看待价值目标选择，即应把价值目标选择建立在社会需要不断变化的基础上，是一种因时因势进行的动态均衡过程，当旧的价值目标比例结构已不适于新的社会要求，开始出现负效应时，应适时予以调整，避免"一劳永逸"式的选择方式。③ 就互联网法的价值及其序列而言，并没有哪一种价值是永远地、绝对地占优的，同等序列的法律价值之间也经常会冲突，重要的不是绝对区分其价值序列，而是要在互联网规制过程中根据社会发展形势的变化来谨慎平衡这些价值。因而，形成多元价值整合的理念，在变动不居的价值追求中寻求不同价值的平衡点是极为重要的。要根据互联网法的位阶序列和现实情势的变化来多方考虑并谨慎权衡，才能解决互联网运动式治理中法律价值的冲突问题，才能达成其法律价值理念的平衡。可以参考一些操作性强的技术性原则，找到平衡其间法律价值冲突的抓手。有些研究者提出的结构性原则、最佳适度原则和合理代价原则等就为平衡互联网运动式治理中的法律价值冲突提出了避免过于强调某种价值而忽视其他价值

---

① 胡灵. 探微法律价值衡量的践行：对法律价值衡量方法运用的思考 [J]. 贵州大学学报（社会科学版），2009（9）：15.

② 张洪波. 以安全为中心的法律价值冲突及关系架构 [J]. 南京社会科学，2014（9）：89.

③ 秦策. 法律价值目标的冲突与选择 [J]. 法律科学，1998（3）：45.

的方法，也提出了确定不同价值目标间的比例结构的建议，还提供了取舍具体法律价值目标时应注意的原则。

例如，在互联网发展之初，很多负面问题尚未显现，而促进互联网发展是政府主要关心的问题，互联网的发展价值和效率价值被前置，其他的价值相对被后置。而在追求互联网的效率价值的背景下，网民等互联网参与者的权利诉求不断彰显，但同时其信息表达与信息传播自由的价值也曾一度被置于绝对重要的地位，当时国外不少学者甚至认为对于其不应该进行任何规制。① 彼时基于互联网发展和公民社会发展的需要，要适当前置互联网信息的表达和信息传播自由的价值，要回归互联网法的价值的根本要求，切实保障互联网使用者的信息自由的权利。随着互联网进一步发展，互联网谣言和低俗内容泛滥、互联网诈骗等犯罪行为增多，互联网负面问题日益显现导致对其进行规制的声音越来越大，互联网被认为不享有无限制之自由，② 此时就不宜片面追求其信息表达和信息传播自由的价值，而是要在其间反复权衡，凸显其秩序和安全的价值，从而兼顾互联网秩序、互联网安全和互联网信息自由的价值平衡。平衡论的法的价值不同于管理法与控权法的价值取向。管理法的价值取向是"行政秩序"，只实现了行政法的最低层次价值，控权法的目的不仅仅是维护必要的行政法律秩序，还在于推行行政法治，旨在实现"现代人的自由"，较多地体现了行政法的价值。可见，行政法价值体现为一个逐渐扩张的过程，行政法不仅在于维护行政法律秩序，它还应该在实现行政法治的基础上带来更多的公民自由，由此，其价值目标依次是行政法律秩序、行政法治、公民自由。③ 互联网运动式治理中所体现出的这种行政法律秩序价值和行政法律自由价值间的动态博弈是其法律价值理念转型的重要途径和动力来源。

又例如，"净化网络环境专项行动"是由全国"扫黄打非"工作小组办公室部署，国家互联网信息办公室、工业和信息化部、公安部一同参与的

---

① Engel, Christoph. The Role of Law in the Governance of the Internet [J]. International Review of Law Computers & Technology, 2006, (20): 201.

② Ondrasik, B. Death of the "Free Internet Myth" [J]. Masaryk University Journal of Law and Technology, 2007: 86.

③ 宋功德. 行政法哲学 [M]. 北京：法律出版社，2000: 25.

依法严厉打击利用互联网制作传播淫秽色情信息行为的专项治理行动。当时互联网平台逐利冲动强烈，互联网淫秽色情内容泛滥，互联网制黄传黄活动隐蔽难治，为了净化互联网文化环境，行动中对互联网内容进行了大范围的清理整顿，如集中清理文学网站、游戏网站、视听节目网站以及移动智能终端应用程序平台、在线视频播放软件、网络资源下载工具、网络游戏推广广告中含有淫秽色情内容的各种信息，另外还集中清理论坛、贴吧、博客、微博客、社交网站、搜索引擎、网络硬盘、即时通信群组中的淫秽色情信息，以及利用网络电视棒、网络存储器、手机存储卡等设备预装、复制、传播淫秽色情信息的电脑及手机销售商、维修店，全面、深入、彻底地整顿了互联网不良内容，净化了互联网环境。在这次"净化网络环境专项行动"中，根据其现实需要，安全和秩序的价值被大大前置，而互联网信息表达和信息传播自由的价值则被一定程度地后置。

此外，随着互联网发展，其秩序价值和发展价值间的序列也在不断发生变化，二者之间的冲突也表现得日益突出。例如，2009 年 7 月 12 日《关于实行党政领导干部问责的暂行规定》发布，详细规定了对党政领导干部实行"问责"的七种情况，其中两种直接和群体性事件有关，标志着"维稳问责"日益规范化和制度化，在此之前相关政府部门的领导干部极为重视经济发展，而在"维稳问责"的制度建立后，政府对很多互联网问题进行运动式治理时改变了价值目标的序列，原先的互联网"发展"与互联网"稳定"的价值目标排序逐渐偏移，转变为互联网"稳定"与互联网"发展"的新序列，① 体现出互联网问题复杂化的背景下，互联网运动式治理中的互联网秩序价值不断凸显的趋势。

总之，在一个复杂、多元的社会里，任何单维度的价值追求都是偏颇的。互联网管理者应该用动态和发展的眼光来看待互联网运动式治理中的法律价值冲突问题，根据时代背景、社会现实和互联网发展的具体变化，及时调整互联网运动式治理中出现的不同法律价值冲突，才能提炼理性和平衡的互联网法律价值理念，从而指导互联网运动式治理扬长避短。

---

① 唐皇凤. 中国式维稳：困境与超越 [J]. 武汉大学学报（哲学社会科学版），2012（5）：19.

（二）基于互联网法之价值主体和价值客体的考量

一方面，从法的价值主体来看，国内外关于法的价值的概念极多，本书认为基于人与法律的主客体关系来界定法律价值也是一个重要的认识角度。也就是说，法律价值具有属人性，法律的存在是为了人的需要，符合人的属性创造出来的，人是法律价值的主体。互联网运动式治理所依据的相关法律、法规等所体现出来的法律价值的主体也主要是人，但在人这个整体性的大主体中又包括各种不同个体和群体，治理行动中所体现出来的各种法律价值的衡量尺度是不同的，平衡其中诸如自由、秩序、效率和正义的各种法律价值时就一定要考虑到互联网运动式治理中的不同价值主体。对于互联网监管部门而言，更强调秩序和安全的价值，而对于个体网民而言，则更强调互联网信息表达和信息传播自由的价值。尤其要看到，随着互联网的发展，互联网法律价值主体将进一步扩容，在具体的互联网运动式治理实践中，充分考虑互联网法的价值主体性因素也将会变得越来越重要。

另一方面，从法的价值客体来看，法和法律现实作为客体要素存在，它们是与法的价值主体对应的存在，与法的主体相互作用和相互联系，构成法律价值主体进行法律实践活动和认识活动的对象。① 互联网法的价值客体不仅包括具体的互联网法律、互联网法律制度、互联网法律原则、互联网法律规范、互联网法律条款等，还包括互联网法律现象和互联网法律事实等。基于互联网本身的复杂特性，需要正视互联网法律中的漏洞和冲突之处，也要重视互联网法律滞后于互联网问题和互联网技术发展而产生的不相适应的法律原则、法律规范、法律条款等，通过适当的"立、改、废、释"等法律调整方式来理顺互联网法本身的冲突，来应对互联网法律机构的协调等问题，这对于解决互联网运动式治理中的法律价值理念上的冲突或错位来说也是需要考虑的一个因素。

综上所述，互联网运动式治理的复杂性和其间多元的互联网法律价值理念密切相关，而其治理过程中多元法律价值理念间的冲突虽无法避免，但可以参照互联网法律位阶高低和互联网法的价值序列加以平衡。另外，

---

① 孙国华. 中华法学大辞典：法理学卷［M］. 北京：中国检察出版社，1997（3）：64.

互联网运动式治理中体现出的诸多法律价值间的冲突会随着时代变化而发生变化，充分考虑互联网法的时代背景、互联网法的价值主体和价值客体的因素，有助于缓解互联网法的价值理念冲突。随着社会的发展，随着互联网法不断完善，各种法律价值间会相互交叉、渗透和融合，上述各种互联网法律价值的内容和价值体系也会随之不断丰富、发展，会产生对互联网法的新要求和新理解，互联网法律价值理念间的失衡和再平衡的动态过程还将持续。互联网运动式治理如若要走出法律价值理念困境，还需要变被动治理理念为主动治理理念，从理论层面指导实践层面，才能最终落实到治理行动上，才能消解互联网治理的繁杂事务的目标价值的冲突，缓解其目标选择的困境，并推动互联网运动式治理的法治化转型。

二、从被动行政到主动行政的转型

互联网管理部门应该从被动性行政监管转向主动性行政监管。目前，随着国家治理体系现代化转型，政治环境和民主生态开始发生变化，互联网运动式治理的被动和单向运行的权力机制需要随之调整。基于互联网本身的匿名性、开放性、互动性和反制性，随着新媒体的涌现和移动互联网技术的发展提供了更多元便利的信息获取、交流和发布的渠道，互联网使用者的行使权力的能力和维护权利的途径日益多元化，其理性主动参与互联网治理、监督和维权的理性诉求增强，以基层民主自治的展开，行业协会的成立为标志，具有中国特色的公民社会在不断的孕育中。互联网监管部门需要重塑思维方式和行动方法，积极主动寻求转型，才能快速反应，适应当今信息社会和互联网时代的新型治理演进逻辑。

回应型法的目的在于授权和促进。[①] 实际上，从表 4-1 和表 4-2 中所列 2002—2023 年间与互联网运动式治理交错互动发展的各种法规、规章等行政法律规范和相关制度建设可知，互联网运动式治理已不是达到预期治理目标就结束治理行动的短期治理行为，而正在转变为具有法制输送作用的治理过程。互联网运动式治理也已不是陷入公众符号抗争"海洋"之后

---

① P. 诺内特，P. 塞尔兹尼克. 转变中的法律与社会 [M]. 北京：中国政法大学出版社，2002：125.

的条件反射式应对治理问题的对抗式解读和被动治理行为，而正在转向致力于互联网治理制度完善的结构性治理。在论述互联网空间治理时，习近平多次强调"网信"战线要敢于担当，指出"青年一代有理想、有担当，国家就有前途"，"企业家、专家学者、科技人员要有国家担当、社会责任，为促进国家网信事业发展多贡献自己的智慧和力量"，另外，更重要的是还要善于担当，要理性地承担好相应的治理责任，不能随意地进行治理工作，这是指导互联网空间治理的政治责任理念。① 互联网运动式治理的新发展趋势中蕴含着的演进机制，有助于其本着"勇于担当"和"善于担当"的精神，回归互联网运动式治理的责任理念的本质，从被动性治理转型到主动性治理。

表 4 - 1　互联网法律、法规、规章和其他相关规范性文件的变动情况（1996—2023）

	互联网法规名称	主题	发布单位	发布时间	状态
1	中华人民共和国计算机信息系统安全保护条例（2011 年修订）	网络安全	国务院	1994 - 02 - 18	修订
2	公安部关于对与国际联网的计算机信息系统进行备案工作的通知	安全保密	公安部	1996 - 01 - 29	失效
3	中华人民共和国计算机信息网络国际联网管理暂行规定（1997 修正）	网站联网	国务院	1996 - 02 - 01	修正
4	中国互联网络域名注册实施细则	域名管理	国信领办	1997 - 05 - 20	失效
5	中国互联网络域名注册暂行管理办法	域名管理	国信领办	1997 - 06 - 01	暂行
6	计算机信息网络国际联网安全保护管理办法（2011 年修订）	网络安全	公安部	1997 - 12 - 30	修订
7	中华人民共和国计算机信息网络国际联网管理暂行规定实施办法	网站联网	国信领办	1998 - 02 - 13	暂行

---

① 黄庭满. 习近平网络空间治理新理念新思想新战略研究［J］. 汕头大学学报（人文社会科学版），2016（8）：14.

（续表）

	互联网法规名称	主题	发布单位	发布时间	状态
8	计算机信息系统保密管理暂行规定	安全保密	保密局	1998 – 02 – 26	暂行
9	信息产业部关于印发《申办计算机信息网络国际联网业务主要程序》的通知	网站联网	信产部	1998 – 09 – 29	失效
10	国家广播电影电视总局关于加强通过信息网络向公众传播广播电影电视类节目管理的通告	网络视听	广电总局	1999 – 10 – 01	失效
11	国家广播电影电视总局关于印发《信息网络传播广播电影电视类节目监督管理暂行办法》的通知	网络视听	广电总局	2000 – 04 – 07	失效
12	互联网信息服务管理办法（2011 年修订）	信息服务	国务院	2000 – 09 – 25	修订
13	中华人民共和国电信条例（2014 年第一次修订，2016 年第二次修订）	网站联网	国务院	2000 – 09 – 25	修订
14	中文域名注册管理办法	域名管理	国新办	2000 – 11 – 01	试行
15	中文域名注册暂行管理办法	域名管理	网络中心	2000 – 11 – 04	暂行
16	互联网站从事登载新闻业务管理暂行规定	信息服务	信产部/国新办	2000 – 11 – 06	暂行
17	信息产业部关于互联网中文域名管理的通知	域名管理	信产部	2000 – 11 – 07	失效
18	中文域名争议解决办法（试行）	域名管理	国新办	2000 – 11 – 08	失效
19	域名争议解决程序规则	域名管理	经贸仲裁	2001 – 01 – 01	试行
20	互联网医疗卫生服务管理办法	卫生医药	卫生部	2001 – 01 – 03	失效
21	互联网药品信息服务管理暂行规定	卫生医药	国药监局	2001 – 01 – 11	失效
22	互联网上网服务营业场所管理办法	网吧管理	公安部/信产部/文化部/工商部	2001 – 04 – 03	失效

（续表）

	互联网法规名称	主题	发布单位	发布时间	状态
23	互联网骨干网间互联服务暂行规定	网站联网	信产部	2001-09-29	暂行
24	外商投资电信企业管理规定（2008年修订）	电信管理	国务院	2001-12-11	修订
25	计算机软件保护条例（2011年第一次修订，2013年第二次修订）	软件保护	国务院	2001-12-20	修订
26	国家广播电影电视总局关于贯彻落实中办国办《关于进一步加强互联网新闻宣传和信息内容安全管理工作的意见》的通知	网络视听	广电总局	2002-04-30	失效
27	文化部关于加强网络文化市场管理的通知	网吧管理	文化部	2002-05-10	失效
28	文化部、公安部、信息产业部、国家工商行政管理总局关于开展"网吧"等互联网上网服务营业场所专项治理的通知	网吧管理	公安部/信产部/文化部/工商总局	2002-06-29	失效
29	中国互联网络域名管理办法	域名管理	信产部	2002-08-01	失效
30	中国互联网络信息中心域名争议解决办法程序规则	域名管理	网络中心	2002-09-25	失效
31	中国互联网络信息中心域名争议解决办法	域名管理	网络中心	2002-09-25	失效
32	互联网上网服务营业场所管理条例（2011年第一次修订，2012年第二次修订）	经营场所管理	国务院	2002-9-29	修订
33	互联网等信息网络传播视听节目管理办法	网络视听	广电总局	2003-01-07	失效
34	互联网文化管理暂行规定	网络文化	文化部	2003-05-10	暂行
35	国家广播电影电视总局关于联合开展信息网络传播视听节目治理工作的通知	网络视听	广电总局	2003-10-28	失效
36	最高人民法院关于审理涉及计算机网络著作权纠纷案件适用法律若干问题的解释	知识产权	最高法	2004-01-02	修正

（续表）

	互联网法规名称	主题	发布单位	发布时间	状态
37	互联网骨干网结算办法	网站联网	信产部	2004 - 02 - 20	失效
38	国家广播电影电视总局关于贯彻落实全国打击淫秽色情网站专项行动电视电话会议精神加强互联网传播视听节目管理的通知	淫秽色情	广电总局	2004 - 08 - 04	失效
39	中国互联网络域名管理办法（新的《互联网域名管理办法》2017 - 08 - 16 通过，11 月 1 日起施行）	域名管理	信息产业部	2004 - 11 - 05	失效
40	互联网交换中心网间结算办法	网站联网	信产部	2005 - 01 - 01	失效
41	文化部关于加强春节寒假期间网吧管理，积极参加集中打击赌博违法犯罪活动专项行动的通知	网吧管理	文化部	2005 - 01 - 27	失效
42	电子认证服务密码管理办法	安全保密	密码局	2005 - 03 - 31	失效
43	中国互联网络信息中心域名争议解决办法（2006 修订）	域名管理	网络中心	2006 - 02 - 14	修订
44	中国互联网络信息中心域名争议解决办法程序规则（2006）	域名管理	网络中心	2006 - 03 - 17	失效
45	中国国际经济贸易仲裁委员会关于《中国互联网络信息中心域名争议解决办法》补充规则	域名管理	经贸仲裁	2006 - 03 - 17	补充
46	中国互联网络信息中心无线网址争议解决办法	网站联网	网络中心	2006 - 03 - 20	失效
47	信息网络传播权保护条例（2013 年修订）	知识产权	国务院	2006 - 05 - 18	修订
48	互联网交换中心网间结算办法（2006）	网站联网	信产部	2006 - 10 - 23	失效

（续表）

	互联网法规名称	主题	发布单位	发布时间	状态
49	最高人民法院关于审理涉及计算机网络著作权纠纷案件适用法律若干问题的解释（2006 修正）	知识产权	最高法	2006 - 11 - 22	修正
50	绿色网络文化产品评价标准	网络文化	网络协会	2007 - 08 - 21	试行
51	中国国际经济贸易仲裁委员会关于《中国互联网络信息中心域名争议解决办法》补充规则	域名管理	中国国际经济贸易仲裁委员会	2007 - 10 - 08	补充
52	电子认证服务密码管理办法（2009 修订）	安全保密	密码局	2009 - 10 - 28	修订
53	国家测绘局关于印发互联网地图服务专业标准的通知（2010 修订）	地图测绘	测绘局	2010 - 05 - 10	修订
54	网络游戏管理暂行办法	网络游戏	文化部	2010 - 06 - 03	暂行
55	通用网址争议解决办法（2010 修订）	网站联网	网络中心	2010 - 07 - 29	修订
56	中国互联网络信息中心无线网址争议解决办法（2010 修订）	网站联网	网络中心	2010 - 07 - 29	修订
57	互联网文化管理暂行规定（2011 修订）	网络文化	文化部	2011 - 02 - 17	修订
58	商用密码管理条例（2023 年 4 月 27 日修订）	安全保密	国务院	1999 - 10 - 07	修订
59	中华人民共和国电子签名法（2019 年 4 月 23 日修正）	电子商务	人大常委会	2005 - 04 - 01	修正
60	中国互联网络信息中心域名争议解决办法（2014 年 9 月 1 日新版施行）	域名管理	中国互联网络信息中心	2012 - 06 - 28	失效
61	移动互联网应用程序信息服务管理规定（2022 年 8 月 1 日修订）	信息服务	网信办	2016 - 06 - 28	修订

表4-2 互联网监管体系建设阶段表

类目			时段			
			初级阶段：1994—1999年	确立阶段：2000—2007年	优化阶段：2008—2012年	重构升级阶段：2013年至今
不同层级的体系建设内容	领导体制	监管部门或监管机制	国家经济信息化联席会议	国家信息化领导小组（2001年重建）；国务院信息化工作办公室（将国务院原小组提升至中央，同步在国务院建立）；国家网络与信息安全协调小组（2003年在国家信息化领导小组之下成立）	工业和信息化部（大部制改革撤销国务院信息化工作办公室，重新组建）保留国家信息化领导小组	中央网络安全和信息化的领导体制从早期由国务院直接负责，到提升至中央层面，在调整弱化后，又再次提升至新高度
		工作内容		统一领导和组织协调政府、经济领域的信息化工作，负责协调国家计算机网络与信息安全管理方面重大问题	国家信息化领导小组日常工作交由工信部承担，国家层面的信息化领导体制和推进机制有所弱化	信息化及网络安全
		监管主体和相应职权	邮电部、电子部、教育委员会、中科院是互联网主管单位，公安部则作为管理主体直接负责联网的接入和内容管理，集中在对接入互联网的管道控制，尚未触及互联网业务，但已提出内容监管的要求	以信息产业部、公安部以及内容主管部门为代表的监管主体地位确立，宣传部门对新闻、文化、出版、广电等专项内容部门的监管职责予以协调	国家互联网信息办公室主管互联网信息内容，负责协调其他部门做好互联网信息内容管理，工业和信息化部负责互联网行业管理，公安部负责防范和打击网上违法犯罪活动	"网信"部门作为网络安全与信息化的统筹协调地位得到确立，明确作为互联网信息内容主管机构的职责，出台"微信十条""账号十条"等监管规范

（续表）

类目		时段			
		初级阶段：1994—1999 年	确立阶段：2000—2007 年	优化阶段：2008—2012 年	重构升级阶段：2013 年至今
不同层级的体系建设内容	主要监管法规和制度建设	《中华人民共和国计算机信息系统安全保护条例》（1994 年 2 月 18 日发布并施行，是我国第一部涉及互联网管理的行政法规）；国际出入口信道专营制度；联网接入的许可、备案制度；计算机系统等级保护制度等	《互联网信息服务管理办法》（是我国互联网监管的基础性法规，为各部委开展部门规章立法，确立更为详细的监管规范提供法律依据）	《互联网信息服务管理办法》（2010 年 9 月修订）；以内容监管核心，引入经济、市场类监管主体和监管机制	《中华人民共和国反恐怖主义法》《中华人民共和国国家安全法》《中华人民共和国网络安全法》《中华人民共和国食品安全法》《中华人民共和国广告法》《中华人民共和国电子商务法》等一批立法层级更高的相关法律陆续出台或优先列入立法议程

三、从单向管制到立体治理的转变

互联网运动式治理属于国家治理体系的一部分，它的核心价值理念应和国家治理体系中服务于人民的核心价值理念一致，其实质就是"以人为本"。互联网运动式治理的理念要回归互联网治理的核心价值理念即为人民服务的理念，就需要在运动式治理的实践活动中，以互联网使用者尤其是网民为出发点和归宿，尊重其主体地位，服务其需求，维护其权利。因为"'以人为本'就是要求在政府的管理活动中要以人为出发点与归宿，强调人的全面发展。'以人为本'不仅要求确立人的主体地位，而且要体现对人本身的尊重，而人的本性与人的需要是紧密联系的，甚至可以说人的需要就是人的本身。"

依照这种权利本位的原则，互联网管理部门需深入理解习近平总书记关于"维稳"和"维权"的辩证关系的论述，努力着眼于促进互联网运动式治理的"治理性"思维向"维权性"思维转变，从"单向度"向"多向度"转型，从封闭式治理转向对公众开放。在具体转型过程中，需要看到，我国目前处在政治、经济和社会的全面转型期的宏观背景下，面临的问题体量巨大，众多转型困难不可能一蹴而就地解决，在这种情况下，应本着务实的态度，沿着实践中的渐进路径，找寻适合的切入点进行尝试。而采取政府和社会多元共治的方式，构建民主参与式的治理体系就是这种切入点之一。当然这种公众参与和社会多元共治是一种适度的公众参与和合法化的社会共治，要依托法律完善和制度化力量，绝不是以往的那种一拥而上的、过度参与的群众运动。实际上，在2004年《全面推进依法行政实施纲要》中就确定了"公众参与，专家论证，政府决定"的行政决策机制，但是，在我国，由于长期以来行政决策中的选择权和决定权为行政机关所垄断，直至今天，这种垄断体制的惯性依然存在，垄断体制必然缺乏开放对话精神，必然忽视公众的意见表达，所以各种现有的吸纳公众参与的规定流于表面，只是修辞，具有很强的形式主义色彩，这些抽象、广泛和模糊的规定，并不构成具体而明确的指令。

在当前的民主政治环境下，互联网监管部门作为公共管理者不宜延续传统的为民做主的权力本位思维，应该本着权利本位意识，以公共责任意识和"以人为本"的服务理念，积极有效、未雨绸缪地回应社会要求，要主动适应不断发展的公民社会的逻辑，使权利本位的价值理念从文本层面的消极主张变为积极行动，并本着互联网法治的原则，顺应互联网发展大势，使得互联网运动式治理的主体和客体协调发展，实现互联网运动式治理的多中心化、节制化和综合化发展，从而不断推进互联网运动式治理的法治化转型。

第二节　走出目的型法的困境

互联网运动式治理的短效性还导致了自身的目的型法的困境。要使目的获得肯定性权威又获得批判性权威，法律必须在目的的普遍化时能够详尽阐述法律机构的任务，因此，回应型法的一个重要方面就是界定使命，即把普遍的目的转化为具体的目标。① 因此，在互联网法治原则的指导下，互联网运动式治理的法治化转型不仅要走向回应型法的治理逻辑，还要实现互联网法律规范的完备化和健全化的目标、改变互联网法的碎片化和模糊化，走出互联网运动式治理的法治化转型中的目的型法的困境。

一、实现互联网法的完备化和健全化

互联网新问题本身的后发性和无前例可循，导致很多互联网问题无法可依，互联网法律、法规的不健全也留下了很多的制约漏洞和薄弱环节，这是互联网运动式治理长期存在的一个因素，也是互联网运动式治理中常有违背法治现象的重要原因。互联网治理法治化的主要目标无疑是互联网处于依法治理的一种良好和平衡状态。从现代行政法中蕴含的制约机制来看，平衡法尽可能提供较为完整的规则体系，这是行政法治追求的一部分。② 互联网法治的追求亦如是，要有完备的和科学制定的互联网法律体系，要确保互联网法律被社会普遍遵守，要建设完备的监督法律执行的国家权力机构体系来正确适用互联网法律。

（一）要努力提升互联网法律法规的增量

由于互联网问题的复杂性，且互联网新问题的快速涌现，原有的立法空白或漏洞不少，需要针对这些问题，加速新法出台，提升互联网立法的数量。目前我国的互联网立法基本涵盖网络监管、信息安全、电子商务、市场准入、域名注册、网络著作权等各个方面。从法律层级角度来看，与互联网有关的专门性法律由《关于维护互联网安全的决定》（2000 年 12 月 28 日由第九届全国人民代表大会常务委员会第十九次会议通过）和《中华人民共和国电子商务法》（2018 年 8 月 31 日由第十三届全国人民代表大会常务委员会第五次会议表决通过，自 2019 年 1 月 1 日起施行）；另外，还有相关的行政法规，如《中华人民共和国计算机信息网络国际联网管理暂行规定》（国务院 1996 年 2 月 1 日颁布，1997 年 5 月 20 日修正）、《中华人民

---

① P. 诺内特，P. 塞尔兹尼克. 转变中的法律与社会［M］. 北京：中国政法大学出版社，2002：93.

② 宋功德. 行政法律哲学［M］. 北京：法律出版社，2000：116.

共和国计算机信息网络国际联网管理暂行规定实施办法》（国务院信息办1998 年 3 月 6 日发布）、《中华人民共和国电信条例》（国务院 2000 年 9 月 25 日发布实施）、《互联网信息服务管理办法》（国务院 2000 年 9 月 25 日发布实施）；目前现有相关互联网监管方面的部门规章和司法解释也在发挥着日益重要的互联网规制作用。另外，不断在其他与互联网监管非直接相关的法律法规中规定与互联网信息活动有紧密联系的内容，这些也有效增加了对互联网问题的法律规制依据，如《中华人民共和国统计法》《中华人民共和国档案法》《中华人民共和国测绘法》《中华人民共和国国家安全法》《中华人民共和国保守国家秘密法》《中华人民共和国著作权法》《中华人民共和国反不正当竞争法》，以及《中华人民共和国刑法》等都包含与互联网信息活动相关的内容。①

在加速互联网立法进程方面，互联网运动式治理中的一些新趋势也正在发挥重要的作用。互联网运动式治理在解决具体问题的同时催生了互联网治理规则，在完善互联网治理法律体系方面起到了重要作用。例如，在反垃圾邮件的进程中，早在 2000 年 5 月 15 日，北京市工商行政管理局就发布了《关于对利用电子邮件发送商业信息的行为进行规范的通告》，是国内第一部对垃圾邮件进行规范的行政规定。2002 年 5 月 20 日，中国教育和科研计算机网公布了《关于制止垃圾邮件的管理规定》。2002 年 11 月，中国互联网协会即成立了"反垃圾邮件协调小组"，推出了《中国互联网协会反垃圾邮件规范》。2003 年 3 月 25 日中国互联网协会正式颁布实施《中国互联网协会反垃圾邮件规范》。但这些通告、规范或属于地方规章，或属于自律规范，法律层级较低，对于垃圾邮件治理的规范一直未上升到立法层面。及至 2004 年反垃圾邮件专项行动后，立法进程明显加快。2006 年 3 月 30 日，信息产业部颁布了《互联网电子邮件服务管理办法》。②

（二）要努力盘活互联网法律规范的现有存量

从制约机制而言，平衡法认为除了尽可能提供较为完整的规则体系外，

---

① 张新宝. 互联网发展的主要法治问题［EB/OL］.（2004 – 05 – 20）［2024 – 06 – 21］. http：//iolaw. cssn. cn/xspl/200405/t20040520_ 4590601. shtml.

② 唐守廉. 互联网及其治理［M］. 北京：北京邮电大学出版社，2008：127.

健全规则淘汰机制，及时地进行规则创新，以最具竞争力的规则来有效制约行政违法与违法行政也是很重要的内容。① 在现有的互联网相关法律法规中，有不少已经不能适用快速变幻的互联网问题，需要通过对现有的互联网法律、法规、规章和相关规范性文件的适度的"改、废、释"来加以调整和盘活，提升其适应互联网新形势和新特性的能力。

迄今为止，我国总制定出台网络领域立法 140 余部，如果包括其他相关规范性文件，互联网相关规范则更多，达到 2300 多条。从图 4–1 中可以看到，截至 2023 年，其中有变动的互联网法律、法规、行政规章或规范性文件的条目总共 61 条，有变动的条目数量占全部互联网法律、法规、行政规章和规范性文件的条目数量的约 26%，也就是说，变动的条目数量占比超过相关规范性文件条目总量四分之一。

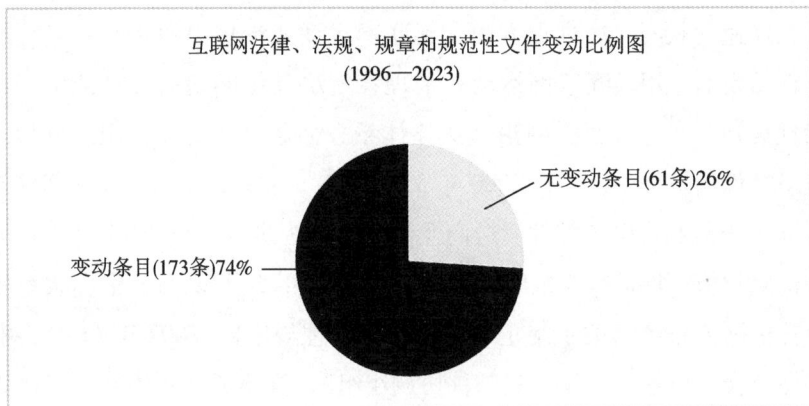

互联网法律、法规、规章和规范性文件变动比例图
(1996—2023)

无变动条目(61条)26%

变动条目(173条)74%

图 4 – 1　互联网法律、法规和规范性文件条目比例图

从图 4 – 2 可见，在调整过的 61 条互联网法律、法规、行政规章和规范性文件条目中，暂行的条目有 8 条，占比约 13%；试行的互联网法律、法规、行政规章或规范性文件条目有 3 条，占比是 4.9%；修正的互联网法律、法规、行政规章或规范性文件条目有 4 条，占比 6.6%；修订的互联网法律、法规、行政规章或规范性文件条目有 16 条，占比约 26.3%；补充的互联网法律、法规、行政规章或规范性文件条目有 2 条，占比约 3.3%，失效的互联网法律、法规、行政规章或规范性文件条目有 28 条，占比 45.9%。

---

① 宋功德. 行政法律哲学 [M]. 北京：法律出版社，2000：116.

互联网法律、法规、规章和规范性文件变动方式图
(1996—2023)

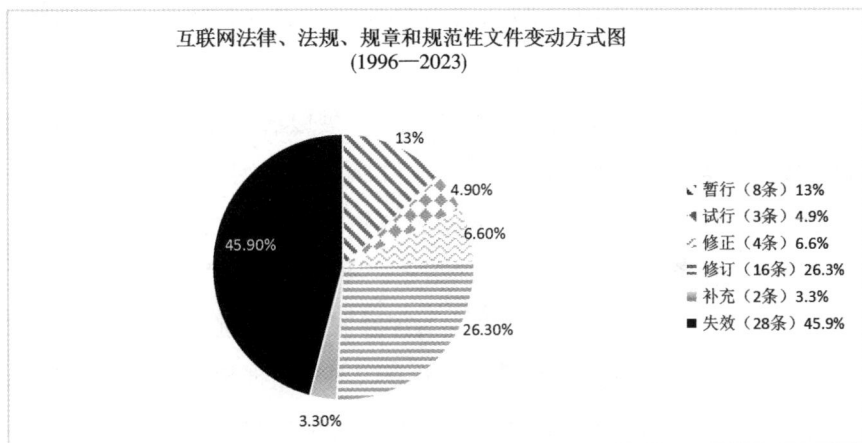

图4－2 互联网法律、法规、规章和规范性文件变动方式图

而表4－1中详细列出了有变动的61条互联网法律、法规、行政规章和规范性文件条目的名称、发布单位和发布日期，勾勒出了国家法律部门和行政管理部门随着互联网发展不断调整和完善互联网相关的法律、法规、行政规章或其他规范性文件的路线图。可见近二十多年来，有关立法部门和互联网治理权力部门不断调整和修改大量的互联网法律、法规、规章和规范性文件。而互联网运动式治理行动和互联网法律、法规、行政规章及规范性文件的制定和出台关系很密切，很多相关互联网规则是在互联网运动式治理前后或者在其治理过程中得以设立。

例如，《互联网上网服务营业场所管理办法》于2001年4月1日由信息产业部、公安部、文化部和国家工商行政管理总局发布，紧接着在2001年4月3日国务院发出《国务院办公厅关于进一步加强互联网上网服务营业场所管理的通知》，标志着当年的互联网上网服务营业场所专项整顿行动开始。并且，2002年7月1日开始的新一轮的全国范围内的网吧等互联网上网服务营业场所专项治理行动中，8月14日国务院第62次常务会议通过并公布《互联网上网服务营业场所管理条例》（以下简称《条例》），自2002年11月15日起施行，原来的《互联网上网服务营业场所管理办法》（以下简称《办法》）同时被废止，新《条例》的订立和旧《办法》的废止都和网吧等互联网上服务营业场所的专项治理行动密切相关。已订立的《条例》

的修订和完善也为后续互联网专项治理行动做了铺垫和准备。《条例》于2011 年 1 月 8 日被首次修订，2016 年 2 月 6 日再次修订，而在 2011 年 8 月24 日至 11 月底，公安部部署在全国范围内开展以清理整治制作贩卖枪支爆炸物品违法信息为重点的"净网行动"和 2016 年 4 月至 12 月进行的"净网行动"中，该《条例》成为主要治理依据之一，依法严厉打击了制作、传播不良和淫秽色情信息的违法犯罪活动，持续净化互联网空间。

要特别指明一点，互联网运动式治理客观上也促进了这些行之有效的现行立法稳定化和体系化，促进了相关互联网法律框架的建立。法治不仅是规则之治，也是制度之治，促进互联网法的增量和盘活互联网法的存量并非仅仅指增加互联网立法的数量，还包括对这些法律的增量和存量进行稳定化建设，即促进互联网法律的制度化和体系化建设。

例如，在互联网知识产权保护的立法进程方面，在互联网发展早期阶段我国没有专门针对互联网知识产权保护的法律，国内最早只有 2001 年第九届全国人民代表大会常务委员会修订的《中华人民共和国著作权法》中的一些条款可以适用于保护互联网知识产权和著作权，此外还有最高人民法院的司法解释和政府机构的一些相关法规与条例。① 但是在很多互联网专项治理实践中，如在 2003 年的打击盗版软件专项治理和对"私服""外挂"等专项治理中，都持续探索了互联网知识产权保护的相关法律问题。尤其是自 2005 年至今，国家版权局联合国家网信办、工信部、公安部等部门持续开展的"剑网行动"明显推动了的《互联网著作权行政保护办法》的制定和施行（由国家版权局、信息产业部共同制定，2005 年 5 月 30 日生效)，在保护互联网知识产权的立法方面前进一大步。

总之，相当一部分的互联网规则是在互联网运动式治理过程中成形并出台的，也有很多互联网规则在互联网运动式治理实践中得以不断矫正和完善，并不断稳定化和体系化。在这个过程中，互联网运动式治理及其法治化转型扮演了重要角色，它是政府相关权力机构健全互联网治理体系的一种积极努力，体现了如今的互联网运动式治理的法治化转变趋势。如果

---

① 唐守廉. 互联网及其治理［M］. 北京：北京邮电大学出版社，2008：147.

可以进一步促进互联网运动式治理的主动转型，会加速其贴近互联网实际问题，协调互联网部门法之间的冲突、重叠，促进互联网法律形成一个完备的、协调有序的法律体系，从而推动互联网法的体系化进程，促进互联网法发挥最大效力。

二、改变互联网法的碎片化和模糊化

目的型法是以结果为指向的，由于目的削弱了规则的权威，它就扩大了自由裁量权在法律判断中的范围。[①] 因而走出互联网运动式治理法治化转型中的目的型法的相关困境，需要努力整合相关的互联网法律法规并提升立法质量，解决现有法律的适用问题，最终维护互联网法的权威。

（一）对关涉到互联网监管的碎片化的法律、法规和规章等内容进行整合

一方面，参与互联网监管的政府部门仍然秉持旧有的属地管理和归口管理原则，各自根据其职权范围确定立法方向与立法重点，在部门体制驱动之下，其调整对象越来越细化，规范互联网问题的特别规则就越来越多，而适用面大的普遍规则就越来越少，出现互联网法律的碎片化倾向。因为细碎的具体规则多是针对某一部门的具体问题的规则，随意碎片化的规则缺乏必要的弹性，相对于此，互联网问题绝非局限在某一部门或某一领域，它们常常是跨领域的，这必然导致碎片化的互联网规则在规制互联网问题时有诸多缺漏。

另一方面，互联网问题的多重性还会导致各部门规则之间的相互重叠，这也是互联网的"多头管理"的根源之一。互联网问题的跨界性和互联网管理部门的管辖权限模糊都导致互联网管理部门通过立法扩充权力，部门间的竞争使互联网法律、法规、规章和政策的内容无序膨胀，最终导致其可执行性越来越差。正是由于这些互联网法律、法规、规章和政策的碎片化与管理制度的分散化，互联网运动式治理才被启动。目前，互联网运动式治理中的部门合作机制一定程度上弥补了互联网规范性法律文件可执行

---

① P. 诺内特，P. 塞尔兹尼克. 转变中的法律与社会 ［M］. 北京：中国政法大学出版社，2002：92.

性差的弊端，在治理过程中催生并完善了相关互联网法律、法规、规章和政策，并通过治理实践探索了部门间协调机制等制度建设问题，互联网运动式治理中的治理资源整合有助于改善我国立法资源配置不合理、立法资源浪费、越权、寻租等问题和情况，并有助于促进治理过程中对于同样性质的问题处理标准一致，也有助于提升管理部门适用互联网法律的准确性和确定性，有助于促进治理主体合法、治理权限合法、治理程序合法。

（二）提升互联网法的质量，解决互联网法律规范模糊的问题

我国在互联网法不完备的背景下，一直以来的立法焦虑导致互联网法律、法规、规章和规范性文件虽在高速生长，但现行的互联网法呈现不稳定状态，并未形成稳固的制度和完善的体系。如果要使互联网法发挥保障互联网健康有序发展的最大效力，需要提升互联网法的质量，按照习近平总书记提出的"科学立法"和"民主立法"原则加强互联网法的立法工作。"科学立法"不是主观立法，也并非经验立法，而是要立足于客观现实的立法。相关立法要贴近互联网特性和互联网现实问题，提升互联网法律法规的质量，解决互联网相关法律法规的规定不够明晰及操作性不强的问题。各管理部门将更多现行立法活动和规则制定活动在治理实践中得以修正、修订、废止、暂行、试行、补充，不断在治理实践中提升相关法律法规对于互联网多重属性的适应，协调互联网部门法之间的冲突和重叠，并细化相关法律规定。

就互联网运动式治理领域而言，互联网运动式治理的问题导向和结果导向使其催生的很多互联网规则能够贴近互联网现实，并有效解决相关互联网问题，在一定程度上是符合"科学立法"的贴近客观现实的这一精神的。但另一方面，互联网运动式治理很多时候也过于强调表面治理效果，需要通过互联网运动式治理的法治化转型来解决其"治标不治本"的一面，最终让互联网运动式治理不断为立法部门提供更多契机或场域来论证互联网法的立法科学性和可行性，这是基于保障和促进互联网安全与健康发展的必然要求，也是"科学立法"的题中应有之义。

（三）加快互联网法立法步伐，应对互联网法律法规的滞后性问题

互联网法的更新速度远远落后于互联网技术发展。互联网技术已经经过多次跨越式发展，同时依托互联网技术的诸多产业也飞速发展，例如各类互联网交易、移动支付、互联网金融服务等的发展更是一日千里，而相关法律并未及时调整，导致互联网运动式治理中面临的复杂问题很多时候无法可依，这给互联网法的良好适用带来难度。目前互联网法律体系建设的速度滞后于互联网技术发展速度，前者对后者而言的滞后和延迟导致二者之间差距拉大。这里的差距不仅指随互联网技术快速发展而出现的法律建设的滞后，还包括大陆法系的立法模式和成文法的法律体系具有的天然滞后性。互联网法律体系相对于互联网技术发展和社会现实的双重滞后导致诸多互联网新问题在现有互联网法律框架内难以有效规制，对现有互联网法形成倒逼压力，体现了互联网法律体系在时间维度上发展的不平衡状态，也是相关互联网管理部门采取互联网运动式治理的原因之一。

互联网运动式治理的快速治理和具体问题具体分析的灵活思路很多时候却也起到了一定程度的平衡互联网法律条文的滞后性的作用，这和法律适用的及时性原则一致，如果政府相关立法机构和相关互联网管理部门可以对互联网运动式治理主动转型和创新，并借助互联网运动式治理的强大声势和强势资源整合，可进一步缩小互联网法律建设与互联网发展之间的速度差和时间差，有助于解决互联网法律与互联网现实问题之间的脱节问题，加快互联网法的完善的步伐，达成互联网法的时间维度上的均衡发展，后续的互联网运动式治理法治化转型也应继续在此方面发挥作用。

三、促进互联网法的均衡化和公平化

（一）促进互联网法的层级结构均衡化发展

（1）以互联网法在空间上均衡化发展促进互联网运动式治理法治化转型中的相关法律规范的位阶与效力之间的悖论。所谓的互联网法的空间均衡指要达成互联网法的层级结构的均衡。而现状是，与其他领域相比较而言，互联网法结构方面的不均衡状况较为显著，主要体现在其法律层级较低。目前，我国网络领域立法 140 余部，基本形成了以宪法为根本，以法律、行政法规、部门规章和地方性法规、地方政府规章为依托，以传统立法为基础，以网络内容建设与管理、网络安全和信息化等网络专门立法为

主干的网络法律体系，但截至目前只有《全国人民代表大会常务委员会关于维护互联网安全的决定》、《中华人民共和国电子签名法》、《全国人民代表大会常务委员会关于加强网络信息保护的决定》、《中华人民共和国电子商务法》、《中华人民共和国数据安全法》和《中华人民共和国反电信网络诈骗法》等少数法律是由全国人大及其常委会颁布的效力层级较高的法律。① 其他互联网规范性法律文件多是国务院及其各部委发布的互联网行政法规、互联网部门规章和政策性规定，它们数量大、领域广，占了我国互联网法律体系的较大比例，主要适用于本部委和本行业内部互联网应用，普遍层级较低。还有一些互联网地方性法规和规章只针对地方的互联网管理和信息网络安全进行规范和保护，其法律层级也普遍较低。这些低层级互联网规范性法律文件的法律效力自然也较低，导致其规范内容较模糊，涉及的范围有限，因而在司法和执法过程中存在条块分割、各自为政的问题，其适用性和可操作性较差，最终导致互联网常规治理时有失灵，而不得不采取互联网运动式治理。

随着互联网运动式治理的主动转型，其治理不再仅仅满足于解决一些具体互联网问题，而是在反复的互联网运动式治理中提升原有治理依据的立法层级，这有助于达成互联网法的层级结构的均衡化。例如，在探索互联网实名制立法的过程中，通过多次的网吧等互联网上网服务营业场所的专项治理，有力促进了网吧实名制的建立；通过高校 BBS 实名制行动成功建立了高校校园 BBS 用户实名登记制度；通过网络游戏的专项治理行动，实施了非常详细的"PK 练级游戏"身份证登记制度和实名游戏制度等。当然，"实名制"的探索一直在持续。在上述实名制管理方式的探索基础上，及至 2006 年，国家开始就博客实名制立法展开研究，但最终认为政府不宜采取强制实名制管理措施，而应鼓励自行实名注册制的行业自律方式。后来在代码层和物理层治理方面出台的系列法规基本实现了这两个领域的实名备案管理，标志着有限互联网实名制最终得以建立。② 因此，互联网专项

---

① 新时代的中国网络法治建设．［EB/OL］．（2023－03－16）［2023－03－16］．https：//www. gov. cn/zhengce/2023－03/16/content_ 5747005. htm.

② 胡凌．网络实名制管理：由来与实践［J］．互联网法律通讯，2010（5）：86.

治理行动中不断推进实名制建设，提升了相关互联网规则的效力位阶，有助于实现互联网法律体系的结构性改变，有助于达成互联网法律体系的结构层面的均衡化发展，有助于建设有序的、专业的、科学的和完善的互联网治理体系。

（2）多种治理手段并用以建立综合化治理模式。目前的互联网运动式治理中虽然诉诸行政手段、法律手段、技术手段和倡导自律等多种治理手段，但整体而言，行政手段和技术手段比重较大，法律手段使用不足，自律的柔性治理手段的使用也有待加强，这种现状距离互联网的法治化的治理仍然有较大差距，这种过渡性治理形态也限制了互联网兼容性优势的发挥。当然，互联网运动式治理中的综合化治理手段仍在走向成熟的过程中，要在互联网运动式治理实践中持续探索转型路径、积累治理经验，不断增加法律手段的使用，努力建设以法律手段为主，同时实现其他方式的均衡协调，追求一种综合化治理的新样态，以此来应对互联网运动式治理客体的立体化和融合化趋势，并促进互联网兼容性优势的充分发挥。去中心化治理并非泛化性治理，反而是通过多中来节制互联网运动式治理方式来解决互联网的自由性优势发挥受限的问题。传统的互联网运动式治理的治理强度较大、治理的惩罚方式弥散，有时候还会冲破既定治理范围，导致治理扩大化，这些方面的问题都限制了互联网信息传播和交流的自由性的充分实现。因此，互联网运动式治理需要建设约束机制，使治理的强度、方式和范围都有所节制，才能促进互联网自由性优势的充分发挥，也才能使其治理在法治化的轨道上实施和运行，也是建设有限政府的题中应有之义。

（二）加强行政监督以约束选择性执法

通过加强行政监督，约束互联网运动式治理的选择性执法，及其所导致的监管过度和监管不足。选择性执法也就是歧视性执法，包括两种类型：一种是针对行政管理相对人的歧视性执法，即执法主体在执法活动中依其主观意愿决定对不同执法对象进行执法的方式和力度。另一种是选择性执法，这与执法对象的歧视性对待无关，而是对执法依据的歧视性对待，具体来说就是执法部门在政府治理过程中对各种法律法规是否执行、执行什么、什么时候执行、如何执行以及执行力度等问题都视具体情况而定的执法方式。前一种选择性执法与自由裁量权滥用、执法趋利和法律规范本身的缺陷等因素相关，对公平正义和政府权威带来较大的负面影响。后一种针对执法依据的歧视性对待，不能完全理解为综合考虑间接执法成本和间接损害而根据监管情势变化进行的一种灵活执法，它对法治造成了一种更大、更持久的损害。①

　　法治不仅指有完备的良法及此法要被自觉而普遍地遵守，还包括要建设使得法能够得以正确适用与遵守的有制约和被监督的国家权力机构体系。行政法制监督，是指国家机关及国家机关系统以外的个人组织对行政主体及国家公务员是否依法进行行政管理活动所实施的监督，是国家各类有权监督的主体针对行政主体的行政活动建立的全面、严密的监督体系。相应地，互联网法律执行的良好监督对于互联网法的良好实施极为重要，而互联网法的良好监督需要一个可以确保互联网法正确适用的互联网权力监督体系。实际上，互联网法治的内涵原本就包括建设有力和完善的互联网管理的权力运作体系，一个可以确保互联网空间健康有序发展的互联网监管体系，一个可以保障相关方的互联网权益的互联网监管体系。这个互联网权力监督系统目前存在的问题当然不是孤立的，而是与制度大环境紧密相关，是目前我国行政监督体系不可分割的一部分。

　　而目前的现实情况是，由于相应的监督实践并未充分展开，行政权法律监督机制的基本内涵尚未完成科学界定，也未充分实施和快速推进。其基本内涵是监督行政权的主体通过一定的运作模式，有机协调行政权法律监督关系的运作体制，包括行政权法律监督主体、方式、手段和运作模式等，构成了人民代表大会对行政权的监督模式、行政机关自我监督模式、司法机关对行政权监督模式、社会团体与社会舆论模式等具体制度。这四种监督制度都各有其优势和不足。

　　就互联网监管而言，主要涉及后三种监管模式。在行政机关自我监督方面，目前存在行政监督程序性和透明度不足，公信力不高，行政监察严

---

① 张国军. 国家治理中的法治困境及其出路［J］. 西南政法大学学报，2015（10）：24.

重错位，越位而又失职，一般监督规范化、制度化不够，随意性大等诸多问题，需要突出过程监督，包括完善行政权自我监督制度，增强行政监察部门的权威，强化行政监察部门对行政权的过程监督，还要制定完备的行政程序法制，使行政权行使过程受到法律制约。就司法机关对行政权监督模式而言，其监管的权威性和及时性上存在不足，主要表现为：监管的独立性、公正性和权威性大打折扣，行政诉讼制度不完善，司法权对行政权的监督乏力，职务犯罪监督制度不健全，反腐倡廉绩效不彰，需要在完善司法审查制度和健全司法行政监督的核心环节方面多做工作，包括取消不适当的行政终局裁决权，将抽象行政行为纳入司法审查范围，加强对行政自由裁量权的司法审查，完善司法审查程序，等等。这些行政法律监督体系的关键问题的解决，对于应对互联网法律执行中的问题意义重大。就解决互联网运动式治理中的执法问题而言，从表4-2中可见，互联网监管体系建设至今经历了四个阶段，从互联网监管的初期阶段到互联网监管体系初建阶段，再到互联网监管体系得以优化和扩展阶段，直至互联网监管体系的重构升级阶段。除了运动式治理运用较少的互联网监管体系建设初期阶段外，在其后的每个阶段都可以看到互联网监管的体系建设和互联网运动式治理交织前进的事实。

总之，现代行政法治正在不断地改造行政法律规范体系的构成与结构，在尽可能提供较为完整的规则体系的同时，还要拓展畅通的信息沟通渠道，使整个规则体系处于良性运行之中，努力实现行政法的良法和善治。① 作为行政法研究对象的互联网运动式治理，其法治化转型不仅意味着要通过互联网运动式治理实践不断完善互联网规则体系以拥有互联网治理可以依据的"良法"，还要通过互联网运动式治理实践促进互联网法的良好执行、正确适用、普遍遵守和互联网法的监督体系的建设完善，这样才能达到互联网法的"善治"，才能适应互联网发展逻辑，才能促进互联网法治建设。"良法"解决提供良好的行政行为依据的问题，而"善治"需要保证法的正确良好的实施。互联网法的"善治"需要按照党的十九大报告中所提出的

---

① 宋功德. 行政法律哲学［M］. 北京：法律出版社，2000：116.

"推进科学立法、民主立法、依法立法，以良法促进发展、保障善治"① 的指引来推进，互联网法的"善治"要达成互联网法的正确和良好的实施，就是要让互联网法在互联网治理过程和实践中被人们实际施行。因此，互联网运动式治理的法治化转型需要在促进互联网法的良好执行、互联网法的良好适用、互联网法的普遍遵守和互联网法律有力监督方面起到积极作用。

第三节　走向回应型法的治理

如果说存在着回应型法的一种典型功能的话，那么它就是调整而非裁判，调整是精心设计和及时修正那些为实现法律目的所需要的政策的过程，而有目的地调整认定的是一种广泛得多的、包容性的法律程序概念。回应型法的独特贡献是要促进公共目的的实现并将一种自我矫正的精神铸入政府管理过程。互联网运动式治理作为目前重要的一种互联网治理方式，其向回应型法的转型是其诸多困境的解决之道。依法治网是依法治国和依法行政的重要方面，是互联网治理的重要价值追求。目前互联网法治已成为互联网治理的原则和指导，也是国家治理体系现代化和治理能力现代化建设的一部分。互联网运动式治理的法治化转型要着眼于回应互联网治理压力，并将其作为一种自我矫正的机会，要对相关法律法规和法律制度予以调整、建设和完善。而事实上，互联网运动式治理的法治化转型早已在路上，也一直在行进。

一、盘活治理主体的能力机制

前文系统分析了互联网运动式治理的主体所面临的同质化、复合性和权威性困境给互联网运动式治理的法治化转型带来很大障碍，据此，本节提出需要通过实现互联网运动式治理体系的开放化、协调化来努力走出这些困境，给互联网运动式治理的法治化转型提供助力。

---

① 石冠彬. 新时代中国特色社会主义法治理论的宏观解读：以十九大报告文本为中心［J］. 云南社会科学，2018（2）：52.

(一) 有序开放行政监管体系

现代行政不再是以政府为中心的单一主体的行动,而是一项合作事业,需要其他主体的参与。政府已不再是全部公共产品和公共服务的生产者,而逐步转变成为实际从事公共服务的代理人的监督者、引导者,除纯粹公共产品必须由政府提供外,对其他公共行政事务,政府只负责"掌舵",发动社会组织、企业、公民通过一定的程序广泛参与,建立一种合作伙伴关系,实现对公共事务的共同治理。①

1. 建立和完善公私多元合作的互联网治理模式

如果进一步分析公私合作的主体构成,人们会发现参与公共治理的主体不再局限于政府等公共部门这样的一元主体,而是扩展到包括公共部门、私人部门、广大公众等在内的多元公私混合主体;不仅包括公共部门、私人部门、公法上的消费者等原生型主体,而且涵盖公权力受托人、特许经营者、公共服务承接主体、社会合作管制主体以及公私合作公司等次生型主体。这种公私合作的趋势在互联网领域体现得非常典型,而互联网运动式治理主体的封闭、同质和单一与这种公私合作趋势相冲突。互联网运动式治理的主体长期以来局限于中共中央宣传部、中共中央对外宣传办公室、文化和旅游部、公安部、工业和信息化部、教育部、国家市场监督管理总局、中央网络安全和信息化委员会办公室、国务院新闻办公室、国家新闻出版广电总局、最高人民法院和最高人民检察院等相关互联网管理部门,治理主体局限于行政主体,由此带来互联网运动式治理主体的同质化现象,原有的封闭性治理主体已然成为互联网治理和互联网发展之限制。要走出其治理主体的同质化困局,就不能把公众参与治理停留在理念和规定层面,而需要开放其治理体系,需要切实吸纳非行政主体即政府体系之外的不同力量参与互联网治理体系,吸纳并保障各种治理要素充分参与互联网治理,通过实现互联网运动式治理主体多元化,让专家、公众、互联网企业和互联网行业组织及其他社会团体参与到互联网运动式治理中,要顺应互联网多元化发展的趋势,要吸纳非行政主体参与互联网治理,实现互联网运动式治理主体的多元化,采取多元主体协同共治的治理方式,才能走出互联

---

① 熊文钊,史艳丽. 试论行政组织法治下的行政体制改革 [J]. 行政法学研究,2014 (4):68.

网运动式治理主体的构成同质和单一的困境。

2. 理顺行政主体和非行政主体间角色平衡

吸纳非行政主体参与治理，建立行政主体和非行政主体间的一种合作模式，形成一种互联网的多中心协调治理模式，这对互联网运动式治理的法治化转型具有重要的积极意义，但是这并不意味着要"中心同等化"甚至是"绝对去中心化"，也绝不意味着要消解政府及其互联网管理部门的主导性和领导地位。互联网运动式治理的法治化转型是达成法治行政的一个侧面和一个阶段，是一个复杂和长期的任务，如若没有明确的"中心"和"舵手"，其特别容易迷失航向。政府及其互联网管理部门需要在互联网运动式治理的法治化转型过程中扮演着领导者、协调者、服务者等主导角色，而政府及其互联网管理部门能否平衡好各种角色，能否处理好与其他非行政主体间关系也将是互联网运动式治理的法治化转型进程中的关键一环。通过实现互联网运动式治理的多中心化治理的转型，可以解决互联网的平等性优势发挥受限的问题。相对于互联网的"去中心化"，互联网运动式治理是一种自上而下的多层级的集中化治理方式，是治理主体在互联网空间重新集中化治理的努力，这和互联网的"去中心化"特性与平等性之间形成的冲突，阻碍了后者的平等性优势的充分发挥。要通过实现互联网运动式治理体系结构的扁平化和多中心化，来充分释放互联网信息传播和信息交流的平等性优势，这不仅是互联网发展本身的要求，也是互联网法治的追求。

需要特别指出的是，在互联网运动式治理中有很多有益的公私合作治理的尝试。例如，在 2009 年 1 月 5 日，有国务院新闻办（中央外宣办）、工业和信息化部、公安部、文化部、工商总局、广电总局、新闻出版总署等七部门在京召开电视电话会议，发布《全国整治互联网低俗之风专项行动工作方案》，部署在全国开展整治互联网低俗之风专项行动，被人们称为"网络整风"。行动中对网民广泛参与的参与式治理的探索是本次治理行动的一次有益尝试。网民参与互联网治理的方式是向互联网违法和不良信息举报中心举报，在行动中大量被曝光和整改的网站、栏目等，都是被广大网民举报而曝光的，这种参与式治理节省了一定的治理成本，从某种意义上教育了网民，也促进了网络行为的自律性的生长。① 当然，网民参与治理需要在相关的行政主体和非行政主体间合作架构内有序进行。目前的互联网运动式治理中的合作治理还只是一种探索，还需要在后续的行政监管中，鼓励这种非行政主体参与模式，并建立或完善其中的诸如信息举报机制等诸多制度建设。

（二）科学构建行政组织法体系

公共治理逻辑下的行政法治化不仅包括行政法的规定本身的合法性，即行政法本身的"合法律性"，也包括行政法的可接受性或者正当性，更重要的是行政法的实施要具有合法性，不仅指行政行为的主体、权限、程序和内容合乎法律规定，更是指依靠开放性的行政过程保证行政决定"事实上"出于当事人的认可甚至合意。行政法的首要原则便是依法行政，依法行政的基本要求包括行政合法，行政合法包括行政主体合法、行政行为合法、行政内容合法以及程序合法。其中，行政主体要合法指行政主体必须严格遵守行政法律规范，行政主体资格因为法定授权机关的授权而产生，授权须有明文法律依据，并且公告授权决定，所以法律授权是行政主体合法的唯一依据，不得享有行政法规范以外的特权，违法行政行为依法应予以追究，违法行政主体应承担相应的法律责任。

互联网运动式治理主体的合法性是二者兼有。一方面，互联网运动式治理的监管部门及其管理人员需得到民意的认可和合意，其治理行为的合法性和合理性也根本上要来自公众的同意。鉴于互联网运动式治理时有失灵，需要用切实的治理效果来获取民意，具备合法性基础。另一方面，互联网运动式治理的主体更需符合行政法意义上的合法律性的原则。互联网运动式治理的主体，如前文所做的互联网运动式治理的主体的界定和分类，它目前主要指以政府体制内的相关各级互联网监管部门，和其相关工作人员等必须是相关法律所赋予或授权的合法律的监管部门，如果由其他机构授权委托来进行互联网监管，其委托也必须符合相关法律规定。从这一点上看，互联网运动式治理中需要通过以转变其运动式执法中的法律逾越局

---

① 张景勇. 公安机关多措并举整治网上低俗之风 [EB/OL]. (2009 − 01 − 16) [2024 − 06 − 21]. https：//tech. sina. com. cn/i/2009 − 01 − 16/20202758762. shtml.

面，严格依法行政、依法治网，需要互联网治理的行为、内容和程序都依法律而行，才能重塑法律权威，使法律成为社会政治生活的基本底线。

在互联网运动式治理中遇到的治理主体的合法性困境很多情况下是由新的互联网治理领域的新特点和新任务导致的，在互联网新问题和新挑战层出不穷的情况下，互联网治理的行政任务也在不断发生变迁，其引发的规范路径也不断变化。法治原则也不能局限于形式法治的规定，要将法治原则在新的与互联网管理相关的行政组织法理论和行政体制改革过程中拓展、继承和深化，既要深化改革，也要守住法治的底线。①

互联网运动式治理的合法性困局与现有的行政组织法体系的固有问题相关。譬如，就政府组织法体系而言，由于种种历史和现实的原因，长期以来政府不够重视组织法的作用，政府机构设置、政府编制设定等行为没有严格地、完全地遵照法律进行，导致政府机构改革和政府治理始终陷入低效循环中，弱化了政府的权威，同时挫伤了法律的尊严、伤害了法治。②

我国现行的行政组织法存在不健全、粗放化等种种弊端。以《中华人民共和国国务院组织法》（以下简称《国务院组织法》）与《地方各级人民代表大会和地方各级人民政府组织法》为例，我国现行的《国务院组织法》与《地方各级人民代表大会和地方各级人民政府组织法》等基本法律规定过粗，比如《国务院组织法》只有11条规定，法律操作性不强，在实践中难以落地，在规制政府行政组织的权限上缺乏明确细致的规定，导致行政机关的设置和职权划分较为混乱，政府职能界定不清，政府职能一定程度上存在"越位、错位、缺位"等问题，要在后续的治理实践中根据权力法定原则转变政府职能，行政权力法定化需要依靠宪法和组织法做出规定，与之配套的还有行政编制法，对政府的组织、规模、结构提供法律规范与保障。③ 因此，要通过构建科学完整的行政组织法体系，来指导并改变上述种种弊端。对于业务相近的机构要依法归并，对于联系密切的机构或因分工过

---

① 郑春燕. 行政任务变迁下的行政组织法改革［J］. 行政法学研究，2008（2）：37.
② 熊文钊，史艳丽. 试论行政组织法治下的行政体制改革［J］. 行政法学研究，2014（4）：65.
③ 熊文钊，史艳丽. 试论行政组织法治下的行政体制改革［J］. 行政法学研究，2014（4）：65.

细导致职责交叉、关系不顺的机构要依法依规调整，这也都是行政改革法治化的题中应有之义。否则，在政府部门间基本的组织关系都无法理顺的情况下，互联网监管部门的行政治理效果势必会弱化甚至失效，长此以往当然会导致政府的公信力受损，失去治理的合法性基础，弱化政府的权威性。

另外，在过去的近 30 年里，《中华人民共和国行政诉讼法》、《中华人民共和国行政处罚法》、《中华人民共和国行政许可法》、《中华人民共和国行政强制法》、《中华人民共和国刑事诉讼法》以及《中华人民共和国立法法》等法律的颁布、实施，反映了在中国的立法实践中程序的意义已经开始受到重视。同时，有必要制定举报法，加快制定财产申报法、行政监督程序法、新闻法等专门法律，为强化行政监督提供法律制度支撑，为行政体制改革提供程序法律制度保障，因而要特别指出的一点是，要健全和完善行政程序法律规范，通过程序来规范行政权力的配置与运行。因为，科学设定和行之有效的法定程序才能保障相关行政制度的落实，并得以长久、良好运行，这样才可以充分保障政府的权威性及其治理行为的合法性。

总之，随着互联网利益格局多元化，利益和资源分配方面的矛盾也日益尖锐，互联网运动式治理的主体如若片面追求治理效果，会导致很多治理行为在程序合法性上存在缺失，难以继续以治理有效性巩固治理主体的权威性，继而会削弱其合法性。由此，应着眼于行政组织法治化的趋势，厘清和理顺互联网监管部门的架构和关系，这有助于逐步走出互联网运动式治理主体的合法性困局。

（三）努力调整行政管理体制

1. 理顺治理主体间的架构

虽然，我国的行政体制改革进行多年，但很多机制问题仍然没有彻底理顺。现实中存在的主要是政府机构的内部层级之间以及横向的不同部门之间由于利益不一致而显露出来的差异和竞争趋势，这一点也体现在互联网运动式治理中的治理主体的行政合作和行政分工间的矛盾，即以互联网管理部门为主导的权威性和多个部门共同参与的复合性之间的矛盾。一方面，互联网运动式治理在治理行动中必须明确主次，确定领导部门，这样才能在治理行动中不至于"群龙无首"。而作为"群龙之首"的主导部门的权威性毋庸置疑，唯此才可以有力领导治理行动的推进和实施。另一方面，参与互联网运动式治理的主体通常不止一个部门，而是复杂多元的，是各部门协同行动来应对规模大、任务重的治理行动，唯此才能应对高度复杂的互联网管理。但由于要协同的部门太多，也导致了治理的多头管理、政出多门，对治理主体的权威性又造成了一定冲击。互联网运动式治理监管主体的权威性和复合性相矛盾的现状也引起了国外学者的关注，他们基于对"雅虎中国"和"谷歌中国"在中国的适应性的自我审查机制的研究，深入思考了互联网监管主体间的协调问题。①

2. 行政法治理念下的互联网运动式治理主体架构和协调

科学建构行政组织法体系只是当前我国行政体制改革的一部分，它不能解决互联网运动式治理的主体转型的全部问题，要趁着行政体制改革的"东风"，理顺互联网运动式治理主体之间的协作架构，才能克服互联网运动式治理主体的内部协调不良的困局。中国行政体制的一个特点是行政体系事实上处于国家机关的中心，行政管理的对象广泛，管理内容丰富，即所谓"大行政"，因此，行政体制改革必然会涉及政府（行政）与社会（包括社会中介组织）、市场、企业和公民的复杂关系，这些关系的理顺必须以民主化构架为根本目标。②

在现代法治理念之下，行政体制改革工作都必须沿着法治化轨道进行。须认识到，我国行政法制还不够健全和完善，行政管理中还存在无能低效、虚位、滞后和监督乏力等问题，需要继续积极探索建立健全、完善的行政法制监管体系。

就互联网运动式治理而言，其具有复合性的特点，关涉多个政府管理部门，导致互联网运动式治理的多头管理、治理主体的权责杂错和主体间关系难于协调等问题，已经无法应对日益复杂的互联网治理事项。譬如，就调整政府职能而言，中央政府和地方各级政府的权力与权利边界划分不清，上下级政府职能没有很好地协调与整合，履行这些职能需要的组织结构和规模未能很好确定；这些行政组织履行职能凭借的程序和方式不够明

---

① Ondrasik, B. Death of the "Free Internet Myth" [J]. Masaryk University Journal of Law and Technology, 2007: 97.

② 胡伟. 构建面向现代化的政府权力: 中国行政体制改革理论研究 [C] //余逊达. 法治与行政现代化. 北京: 中国社会科学出版社, 2005: 330.

确，以及履行行政职能有失应当承担的后果规定不明确，以及行政程序法不完善，这些问题都会导致互联网运动式治理中诸如治理主体权责不明、政出多门等治理困局。只有通过行政法治建设，尤其是行政体制改革法治化的相关尝试，去完善互联网监管体制并改进其结构，才可以理顺相关部门之间的关系，应对互联网监管部门间的权责不明的问题，实现诸多互联网运动式治理主体之间的协调化运作。

3. 理顺治理主体的具体举措

实际上，为了理顺互联网管理的各部门间关系，适应日益复杂的互联网发展趋势，达到有效"治网"的目的，长期以来相关政府管理部门始终在尝试和努力。

（1）早期的文化行政监管主体的基础架构

1989 年 8 月底，中共中央决定成立全国整顿清理书报刊和音像市场工作小组（后建成为"全国'扫黄打非'工作小组"），全国"扫黄打非"办公室也称全国"扫黄打非"工作小组办公室，设在中央宣传部，工作小组隶属于中央宣传思想工作领导小组，由中央宣传部、中央政法委、国家新闻出版广电总局等 29 个部门组成，全国"扫黄打非"工作小组办公室领导的成员单位不可谓不多，但其在多年"扫黄打非"专项行动中，尤其是互联网"扫黄打非"专项行动中形成了一套行之有效的协调机制，促进了相关治理行动的有效开展。① 另外，在 1993 年 12 月 10 日国务院批准成立国家经济信息化联席会议后，② 一些学者提出建立信息化联席会议制度来提高多部门管理的横向沟通效率，③ 如果这些联席会议制度得以建立，应会在互联网相关专项治理行动中发挥着重要的部门间协调作用。

（2）独立的互联网管理机构确立

从 1994 至 1999 年是互联网监管体系建设初期阶段。这个阶段是互联网监管体系建设草创期，在体系建设上，初步完成了互联网监管分工，政府

---

① 陈舒扬. "净网"进行时 九龙治网终结［EB/OL］.（2014－04－24）［2024－06－21］. https://www.time－weekly.com/post/24608.

② 国家经济信息化联席会议［J］.电子科技导报，2010（10）：39.

③ 汪玉凯.大部制改革后信息化推进的体制机制问题及建议［J］.行政管理改革，2010（10）：74.

的相关互联网管理部门按照归口管理的原则和相关的权责关系，担任领导角色，履行管理职责，尽到法定义务。具体而言，1993 年国务院批准成立国家经济信息化联席会议，领导和协调政府、经济领域的信息化工作，负责协调国家计算机网络与信息安全管理方面的重大问题。另外，邮电部、电子部、教育委员会、中国科学院以及公安部都是互联网管理的共同参与主体，主要负责互联网的接入和内容管理。① 1998 年 3 月，电子部与邮电部合并为信息产业部，信息化领导小组也合并到信息产业部。此后，我国政府层面的互联网管制措施的制定和出台几乎都与信息产业部密切相关。在1998 年至 2007 年 12 月间，我国政府部门共制定有关互联网管制方面的政策法规 34 部，修订原有政策法规 4 部，其中 16 部是由信息产业部独立制定发布的，6 部是由信息产业部与其他职能部门联合发布的，这种状况一直持续至 2007 年国务院政府机构改革，信息产业部划归工业和信息化部。②

从 2000 年至 2007 年是互联网监管体系初步确立阶段。随着互联网进一步发展，互联网监管体系也得以初步确立。2001 和 2002 年的"网吧"等互联网上网服务经营场所专项治理行动标志着互联网监管力度加大。互联网上网服务营业场所的主管部门从通信管理部门变为文化管理部门。③ 同时，互联网监管部门间职能重叠、权责模糊的问题在互联网治理运动中凸显，一定程度上推动了互联网监管体系的机制调整。2001 年重建"国家信息化领导小组"作为互联网安全管理等工作的领导机构，国务院原小组提升至中央，在国务院建立国务院信息化工作办公室作为互联网安全管理等工作的监管主体。2003 年进一步加强中央对于互联网监管的领导协调，在国家信息化领导小组之下成立了国家网络与信息安全协调小组，并且制定专门性文件对互联网监管的目标、监管主体之间的分工、协调配合机制等做出具体规定。④ 互联网专项治理的领导机制和监管主体也在此阶段得以协调，

---

① 王融. 中国互联网监管二十年［EB/OL］.（2017 – 08 – 19）［2024 – 06 – 21］. https：//www.tisi.org/15948.

② 乌静，白淑英. 论我国互联网管制的政策主体与能力提升问题［J］. 黑龙江社会科学，2009（4）：46.

③ 胡凌. 网吧治理的法律问题［J］. 昆明理工大学学报（社会科学版），2009（9）：2.

④ 王融. 中国互联网监管二十年［EB/OL］.（2017 – 08 – 19）［2024 – 06 – 21］. https：//www.tisi.org/15948.

以信息产业部、公安部以及其他内容主管部门为主要的领导主体，负责领导和协调文化和宣传部门的监管职责，而新闻、文化、出版、广电等部门则是专项内容管理部门，负责各自职权范围内的内容监管工作，必要时也横向开展合作治理行动。2006 年成立了"全国互联网站管理工作协调小组"，由中共中央宣传部、信息产业部、国新办等 16 个国家部委联合组成，该小组颁布《互联网站管理协调工作方案》（以下简称《协调工作方案》），《协调工作方案》明确了与互联网站监督管理相关部门的类型、职责和工作协调制度，根据这个协调制度，进一步明确了互联网管理的部门分工，包括互联网的行业部门、专项内容主管部门、前置审批部门、公益性互联网单位主管部门、企业登记主管部门，使得它们各自的职责和协调方式都更加明确。总之，现行的各种互联网管理工作协调制度一定程度上协调了众多互联网监管主体间的关系，已经为完善互联网管理体制打下了较好的基础。① 当然，这些协调制度在监管机构的职责范围划分上仍存有模糊地带，各部门间仍然存在职能交叉重叠等问题。在政府有关的深化行政管理体制改革的诸多文件中已经指出，加快政府职能转变要合理界定政府部门职能，明确部门责任，确保权责一致，理顺部门职责分工，坚持一件事情原则上由一个部门负责，确需多个部门管理的事项，要明确牵头部门，分清主次责任，健全部门间协调配合机制。②

（3）互联网专项管理部门作用增强

从 2008 年至 2012 年是互联网监管体系优化阶段。2008 年的大部制改革撤销了国务院信息化工作办公室，保留了国家信息化领导小组，重新组建工业和信息化部，日常工作交由工信部承担，这样一来国家信息化领导体制有所弱化，相应地，互联网监管部门的主体地位得到提升，以便于适当下放更多的互联网管理权力，以灵活应对由于互联网产业快速发展带来的新问题。2010 年互联网监管体系得到进一步优化，互联网监管体制从过

---

① 陈舒扬. "净网"进行时 九龙治网终结 [EB/OL]. (2014 - 04 - 24) [2024 - 06 - 21]. https：//www. time - weekly. com/post/24608.

② 温家宝. 关于深化行政管理体制改革意见和国务院机构改革方案草案的说明 [J]. 中国行政管理，2008（5）：8.

去的平行架构转变为立体架构，国家互联网信息办公室牵头互联网信息内容管理工作，同时也负责协调行业主管部门、公共安全管理部门，以期最大程度上形成监管合力，而工业和信息化部主管互联网行业管理，公安部主管防范和打击互联网上违法犯罪活动，这种新的互联网管理体制有效缓解了互联网监管中的多头管理、责权交叉和领导体制重叠等问题。在此背景下，自2008年开始，互联网运动式治理的治理对象更趋复杂化，治理内容也趋于多元化，运动式治理行动启动得更加频繁，由此互联网运动式治理不断深化发展。在此阶段互联网运动式治理不再仅以互联网内容监管为核心，如2011年的整治非法网络公关行为专项行动，2012年的打击整治网络违法犯罪专项行动等都推动了互联网监管对象不断扩展到其他相关领域。这些时间节点并非巧合，而是反映了互联网纵深发展的必然要求和结果。因为原有的互联网监管体系已无法有效协调互联网问题的跨部门性，原来的内容监管范畴已然无法涵盖互联网新问题，必须调整和优化互联网监管体系。

从2013年至今是互联网监管体系的重构升级阶段。互联网监管体系在很多方面持续经历着深度调整。以互联网安全的领导体制建设为例，2014年2月，中央重新调整网络安全和信息化领导体制，中央网络安全和信息化委员会建立，在经历了2008年国家信息化领导体制弱化调整后，又再次强化国家在互联网安全方面的主导地位。而在内容监管方面，"网信"部门作为互联网信息内容主管机构，其职责更加明确，在传统监管内容外，加强对移动互联网的内容监管，连续出台了针对微信等新媒体平台的一系列内容规范。

综上所述，我国已初步形成自己的行政法制监督体系建设思路，实行内外结合的行政法制监督体系，并发挥了较全面有效的监督功能。我国行政法制监督不断向制度化、规范化、体系化方向发展，在促进政府依法办事、转变政府职能、提高公务员素质等方面发挥了不可或缺的作用。而通过实现互联网运动式治理主体的多元化、协调化，科学构建行政组织法体系，参与政府行政体制改革的推进，有助于走出互联网运动式治理主体的构成同质和单一、治理主体内部行政协调不良和治理主体的合法性困局，最终也将有力推动互联网运动式治理的法治化转型。

二、兼顾治理客体的多种权益

法律必须"从一整套指派给不同的国家机关的工作中摆脱出来",给它们留下"更广泛得多的领域,以显示它们在选择方法和手段方面的首创精神",并强调它们"能动的组织作用"和争取"公众参与法律规范实现"的责任。① 而互联网运动式治理的法治化转型需要治理客体随之转型,改变其业务繁多且作用重要,但却不能充分参与互联网监管并有效维护其相关权利的矛盾局面。

(一)保障治理客体参与互联网治理

1. 构建以规范性文件为载体的公众参与制度

目前,我国的非行政主体参与行政决策和治理实践已取得一定进展。具体来说,在公众参与和专家咨询论证两个制度领域都有显著进步:以规范性文件为载体的公众参与制度得以构建,公众参与包括行政决策在内的公共事务管理是《中华人民共和国宪法》赋予公民的基本权利,在全国人民代表大会制定的法律中少数法律也赋予了公众参与相应行政决策的权利,如《中华人民共和国价格法》《中华人民共和国环境影响评价法》《中华人民共和国城乡规划法》赋予了利益相关公众参与定价、环境及规划编制等行政决策的权利,并建立相应制度;《中华人民共和国立法法》和国务院颁布的《行政法规制定程序条例》《规章制定程序条例》等也确立公众参与国家立法和行政立法的制度。而规定行政决策公众参与更多的法律体系已经初步建立。公众参与重大行政决策制度的主体内容已制度化、规范化,对行政决策治理的参与主体、参与方式、参与事项、参与程序和说明理由制度做出规定的规章和规范性文件也有不少。如《云南省人民政府重大决策听证制度实施办法》第九条和《汕头市人民政府重大决策听证规定》第二十条有对参与主体的规定;2004 年国务院制定的《全面推进依法行政实施纲要》将公众参与方式主要概括为"听证会、论证会和座谈会";等等。

以规范性文件为主体的专家论证制度得以建立,专家参与重大行政决

① P. 诺内特,P. 塞尔兹尼克. 转变中的法律与社会 [M]. 北京:中国政法大学出版社,2002:113.

策咨询论证制度的主体内容在国家法律层面和地方性规章或规范性文件中有所提及和规定。1997 年确立"依法治国"方略后，少数法律也规范了专家在行政决策和国家立法、行政立法中的作用，如《中华人民共和国立法法》第三十四条、《行政法规制定程序条例》第十九条、《规章制定程序条例》第二十条、《中华人民共和国环境影响评价法》第十一条、《中华人民共和国城乡规划法》第二十七条。也有不少对咨询论证主体的界定性规定，如《广州市重大行政决策程序规定》《重庆市政府重大行政决策程序规定》《湖南省人民政府重大行政决策专家咨询论证办法》等。

此外，对论证专家的选择及条件、论证程序、论证内容、专家的权利和义务也都有相关规范性文件加以规定。我国非行政主体参与重大行政决策制度及实践目前存在立法层级较低，难以有效发挥权力机关在行政决策中的制约和监督作用，规范非行政主体参与重大行政决策的规范性文件名称不统一，非行政主体参与重大行政决策制度未体系化，缺乏非行政主体参与行政决策互动平台的构建，以及专家咨询制度中的保障专家独立性制度缺失等问题。上述非行政主体参与制度为互联网运动式治理走出治理主体同质化困境打下了基础，如果在后续运动式治理和常规治理中能够进一步注重解决有关公众参与的程序规定立法层级较低、参与制度不体系化、参与方与治理方互动平台缺失等问题，那么互联网运动式治理不仅能够走出治理主体同质化困境，还能为探寻行政法治建设的路径提供很多启发。

（二）保障治理客体维护自身相关权利

在改革开放前，社会权力配置集中，互联网治理中权力呈现自上而下强势的单向运行态势，彼时公众的权利意识和维权诉求薄弱。但是改革开放以来，在国家权威的积极推动下，以基层民主自治的展开和行业协会的成立为标志，具有中国特色的公民社会在不断孕育之中。公众的权利意识不断提升，其维权诉求也日趋强烈，由此可见公众维权的主动性和互联网的运动式治理的被动性之间的矛盾。按照十八届四中全会的内容，互联网法治的原则之一就是互联网发展必须于法有据，互联网发展一定要在互联网法律、法规、规章和政策的引导与规范下才能更好地进行。

1. 加强互联网法的权利保障内容的建设和落实

从诸多相法条的内容中可以看出，我国互联网法律、法规、规章和政策在内容上还存在很多不平衡之处。首先，当前的互联网法律、法规、规章和政策强调政府对互联网的管制，注重互联网安全和互联网秩序的维护，而对促进互联网及相关行业发展方面的内容仍有不少欠缺；其次，互联网法律、法规、规章和政策规制内容与网民权利保障的内容不平衡，前者比重大大超过后者；再其次，目前的互联网法律、法规、规章和政策还有很多其他内容上的欠缺，譬如在互联网金融、微信诈骗等新领域的法律规制内容还很不足。要努力缩小互联网监管机构的"治理性"理念和公众的"维权性"诉求之间的差距。因此，需要致力于互联网法的管制内容与权利保障内容的平衡发展。

实际上，互联网运动式治理是行政管制传统在互联网治理领域的一种延伸，很多互联网运动式治理直接或间接催生的法律、法规、规章或政策不仅达成了政府的互联网管制目标，也客观上保护了互联网使用者的相关权利。因而，互联网运动式治理固然有封闭性、强制性和运动性等非法治因素，让它距离互联网法治仍有距离，但是，在"互联网＋"趋势的推动下，随着各行业线上和线下快速融合化，互联网运动式治理也正在向新型的、开放的、多元的、综合的和法治化的治理转型。它作为互联网常规治理方式的一种纠偏和堵漏机制，将会在保护互联网参与者基本权利上有更多作为，将能在互联网法的规制内容和权利保障内容的平衡化发展中发挥更大作用。

2. 建设和完善政府信息公开制度，保障治理客体的相关权利

政府信息公开是指掌握公共信息的行政机关通过一定方式和渠道公开其所掌管的公共信息的行政方式。政府信息公开对建立法治政府建设有很大的意义和价值，也是实现行政法治化的重要途径。信息公开是公民对政府行使监督权的前提条件，有助于公民直接参与国家社会管理，是政府科学决策的条件，是防止腐败和权力不当行使的重要机制，是保障公民权利最有效的途径。就公民来说，政府信息公开要求公开对行政机关涉及行政相对人的行政活动的有关信息，有助于行政相对人对有管辖权的行政主体的身份识别以及对行政事项的处置或办事流程的估计和判断，这样当然利于公民充分行使知情权和信息平等权，公民只有充分了解并行使自己的相关权利，才能切实有效地维护自身权益。[①]

---

① 肖北庚. 走向法治政府 [M]. 北京：知识产权出版社，2006：161.

目前，无论从政策层面还是国家立法层面看，都对信息公开做出了规定，也采取很多相关措施，不断推进政府信息公开制度建设，但还有很多不足。譬如，从国家立法层面看，在我国相关的法律的具体条款中都有政府信息公开的规定，但我国尚无政府信息公开的统一规范性法律文件。相应地，体现在实践层面上，尽管各地各部门一直在推行村务公开、警务公开、审判公开和检务公开等举措，但信息公开制度还只是一种未常态化和制度化的政府主导型的行政办事制度，种种不系统、不规范使得它还不能称之为真正法律意义上的制度。这些问题需要在后续的行政治理实践中加以探讨和应对。相关部门或可通过探讨专门立法的模式，充分研判分散性立法、地方先行立法、集中专门立法模式的利弊并加以借鉴，在现有社会现实和行政实际的基础上构建我国的政府信息公开法律制度。在立法层次上，采取层级较高、效力范围广和拘束力较强的法律的形式，而非规章形式或行政法规行使，努力构建在全国范围内具有普遍效力和权威性的政府公开方面的法律规范。另外还要在后续的行政建设中，就政府信息公开的申请主体、公开主体、豁免公开的信息范围以及信息公开的主要内容方面加强建设，在相关的政府信息公开的救济制度和法律责任等方面予以更多的投入，解决其中诸多问题，快速切实推进政府信息公开制度的建设。而互联网技术所带来的信息交流和传播的快速与便捷，客观上为政府信息公开制度的建设带来很多的机遇和启发。如果有效结合互联网技术之利，通过互联网平台运行信息公开制度，可以提高政府信息发布、管理和保存等效率，降低相关的治理成本。同时，一些与电子政务建设相关的政府信息的保存方式、信息的分类与定义、有害信息的甄别与打击、网络安全与信息安全的保障等问题，也需要在政府电子政务建设中逐步加以探究和解决。

3. 完善行政救济机制，有助于维护治理客体的相关权利

完善行政救济机制，为构筑法治政府提供司法保障，这对于应对互联网运动式治理的客体困境也是非常重要的。行政救济制度的主体部分包括行政复议、行政诉讼和行政赔偿，但这三种制度的内容极其丰富，也各有其不足。其一，就行政复议制度而言：其"去司法化"制度定位难以保证制度的公正性和中立性；其"条块结合"为主的混合行政复议主体难保复议公正，复议范围较窄，难以全面保证行政相对人的合法权益，要通过优

化行政复议主体设计实现行政复议机构独立，扩大行政复议范围等方式来完善行政复议制度。其二，就行政诉讼制度而言，其在价值层面既保护公民、法人和其他组织，也维护行政机关依法行政，影响权利主张的主动性。在制度层面，行政诉讼缺乏独立性，行政诉讼法受案范围窄，前置程序设计欠科学，应该通过扩大行政救济范围，取消复议前置程序的限制，加强与行政复议领域的衔接的方式来加以改善。其三，就行政赔偿制度不足而言，要通过拓宽赔偿责任范围，改抚恤性赔偿标准为补偿性赔偿标准等方式加以应对。完善上述行政救济制度的诸多不足，可以为互联网运动式治理中的诸多非行政主体的相关权力的行使提供保障，并可以在其相关权利被侵害时给予有效的救济，从而有助于互联网运动式治理的客体较好地维护自己的相关权利。

4. 提高治理客体的权利意识与维权能力

互联网使用者充分参与并普遍遵守互联网法律、法规和规章等，这是互联网法良好实施的基本形式之一，也只有这样，互联网法才不会失去意义，才不是一纸空文。因此，要提高互联网治理客体参与互联网治理的意识和应对困境的能力。通过互联网领域的实践和教育进一步提升他们的互联网监管参与意识，互联网权利意识有助于提升互联网运动式治理履行权力的能力，继而逐步走出自身面临的相关困境。另外，互联网法的遵守是指互联网使用者要适应互联网法的要求，在互联网法规范允许的范围内行动或不行动，这对于维护互联网秩序而言也是极为重要的，因而还要通过行业自律和网民教育，促发互联网企业和网民提高遵守互联网法律法规的意识以及履行相关义务的意识。互联网运动式治理一直以来鼓励公众和其他社会力量参与治理，但很多时候这种参与流于形式，实际参与不足，并未通过公众和其他社会力量参与治理来促进互联网使用者充分适应互联网法的要求。而在互联网治理实践中，尤其是在互联网运动式治理中，如果可以积极吸纳其他力量参与治理，将有助于把群众路线落到实处，促进互联网企业、互联网行业组织和网民充分参与治理，并在参与互联网治理的过程中增强法治意识，完成遵守相关法律观念的培养和训练，达成互联网企业、团体和网民对互联网法的普遍遵守和相关义务的履行。

第五章
互联网运动式治理的法治化转型的辅助机制

改革开放以来，法治作为治国理政的基本方式，得到了国家和社会的广泛认同，建设法治是官方和民间的一致共识，法治建设不仅要为提高国家治理能力提供价值指向，还要提供实践路径。互联网运动式治理转型的法治化大方向和具体目标已然明确，其实施的有效的治理路径也已经明确，然而互联网运动式治理的法治化转型不仅要强调"依法治网"的价值理念，更要重视"依法治网"的价值实践和动态运作，需要发现具体的治理工具和治理机制，来辅助互联网运动式治理的法治化转型的达成。

第一节　互联网运动式治理中的法制输送机制

回应型法不仅是独特的法律类型，而且在某种意义上也是法律与政治秩序和社会秩序关键的一个进化阶段，其要点是极力探寻一种明确的变化倾向，以致在运动的一个阶段所设置的那些有系统的推动力被认为在运动的另一个阶段产生了各种独特的结果。而互联网运动式治理的法治化转型的有关实践中包含着这样一种推动力，即在前文有所提及的互联网运动式治理的法制输送机制，包括文本输送机制和制度输送机制两个方面。许多互联网运动式治理行动并非仅止步于缓解表层互联网问题，而是进行了很多法律健全的探索，也完成了不少管理制度的有效供给，它们是互联网运动式治理运行过程中导向法治化的内在推动力，在互联网运动式治理的法治化转型中发挥着一种辅助作用。

一、互联网运动式治理的文本输送机制

法治建设的一个重要内容就是规则的建设，互联网运动式治理的文本输送机制有助于互联网治理的规则建设，是其法制输送机制的一个重要方面。本节关注互联网运动式治理输送的相关法律、法规、规章和其他规范性文件，从而分析其中蕴含的文本输送机制对互联网运动式治理的法治化转型的促动作用。

（一）互联网运动式治理的文本直接输送机制

互联网的基本功能是提供数字信息传输的技术架构，从而构成人们从事社会行为、搭建社会关系的媒介工具，这种工具性使得互联网空间中的行为调整可以通过提示性的不完全法条规定及补充性的完全法条规定引入传统法律体系的适用，从而使延伸性立法和专门性立法成为网络法律体系的一个主要组成部分。[①] 因此，关注互联网运动式治理行动和相关的法律规范性文件的酝酿和正式出台之间的相互作用对于研究互联网法律法规的完善机制而言就显得很重要。而互联网运动式治理行动和相关的法律规范性文件出台的轨迹互相交错，有的治理行动实际上是其出台的直接管道。

从表5-1中可见，2002年8月底网吧治理专项行动结束，在行动结束前（8月14日）国务院第62次常务会议通过《互联网上网服务营业场所管理条例》（以下简称《条例》），9月29日《条例》由国务院发布，并自2002年11月15日起施行。从时间节点上看，《条例》的通过和整治网吧专项行动相互呼应；而在2004年7月至11月的违法网站打击与举报行动期间，最高人民法院、最高人民检察院于9月3日发布《关于办理利用互联网等传播淫秽电子信息刑事案件具体应用法律若干问题的司法解释（一）》，违法网站的打击活动和相关的规范性文件的制定和实施进程密切相关；又例如，2005年高校BBS实名制行动过程中出台了《非经营性互联网信息备

---

① 徐家力. 论网络治理法治化的正当性、路径及建议 [J]. 东北师大学报（哲学社会科学版），2017（4）：118.

案管理办法》，由原信息产业颁布，规定于 4 月 5 日前所有网站要重新备案登记；2006 年的文明自律办网站行动始于 2 月 21 日信息产业部的"阳光绿色网络工程"的活动，① 而《互联网电子邮件服务管理办法》（以下简称《办法》）于 2006 年 2 月 20 日由中华人民共和国信息产业部发布，自 2006 年 3 月 30 日起施行，并在 2 月份开始并持续一年的文明自律办网站行动中成为重要的治理依据。再例如，2013 年 8 月反网络谣言治理行动开始，其间最高人民法院和最高人民检察院于 9 月 6 日公告公布最高人民法院、最高人民检察院《关于办理利用信息网络实施诽谤等刑事案件适用法律若干问题的解释》（以下简称为《解释》），并于 9 月 10 日起施行，反网络谣言行动和《解释》发布的时间交错并非巧合，实际上该《解释》成为反网络谣言治理行动中判断网络谣言构成犯罪的标准，厘清了言论自由与造谣中伤和侵犯他人隐私的界限，也廓清了虚拟空间与现实空间的法律责任的界限；在 2014 年 4 月至 11 月的"净网"行动中，8 月 21 日最高法公布《关于审理利用信息网络侵害人身权益民事纠纷案件适用法律若干问题的规定》（以下简称《规定》），并于 10 月 10 日起施行，最高法的《规定》涵盖个人信息保护、非法删帖、网络水军等多方面内容，规定首次将网络上个人信息明确列为司法保护范围，尤其是对犯罪记录、家庭住址等信息保护，延伸了原有公民名誉权、隐私权的权利范畴。另外，在此次行动中，国家网信办于 8 月 7 日正式发布《即时通信工具公众信息服务发展管理暂行规定》（简称"微信十条"），并在其中提出了"七条底线"，② 要求严格落实互联网企业主体责任，严肃追究失职渎职责任，规范以微信为代表的即时通信工具公众信息服务，建立针对微信生态环境的科学辨别是非的准则，明确了网民在网络使用中应遵循的基本准则，成为当年开展的"净网"行动中

---

① 李永刚. 我们的防火墙——网络时代的表达与监管 [M]. 桂林：广西师范大学出版社，2009：68.

② 国家互联网信息办公室 8 月 7 日发布实施《规定》，主要内容是服务提供者从事公众信息服务需取得资质；强调保护隐私；实名注册，遵守"七条底线"；公众号需审核备案；时政新闻发布设限；明确违规如何处罚。参照中国互联网络信息中心发布的《即时通信工具公众信息服务发展管理暂行规定》。

规制微信服务平台的治理依据。由此，本书认为互联网运动式治理是相关法规、规章和规范性文件酝酿并出台的契机、场域，有力地催生和推动了相关互联网监管规范性文件的出台，并促进了相关领域的治理依据逐渐完善。

表5－1　主要互联网运动式治理行动的条文输送

行动名称	输送内容	
	条文直接输送	条文关联输送
2002 年网吧治理专项行动（7.1—8.31）	《互联网上网服务营业场所管理条例》（9 月 29 日公布，于 11 月 15 日起施行，2011 年 1 月 8 日修订）	
2004 年违法网站打击与举报行动（7.16—11.9）	《最高人民法院、最高人民检察院关于办理利用互联网、移动通讯终端、声讯台制作、复制、出版、贩卖、传播淫秽电子信息刑事案件具体应用法律若干问题的解释（一）》（9 月 3 日公布，9 月 6 日执行）；《关于进一步加强互联网管理工作的意见》（中共中央办公厅、国务院办公厅 11 月 8 日发布）	《互联网安全保护技术措施规定》（公安部于 2005 年 12 月 13 日正式颁布并于 2006 年 3 月 1 日起施行）
2005 年高校 BBS 实名制行动（2.27—10.30）	《非经营性互联网信息服务备案管理办法》（信息产业颁布，规定于 4 月 5 日前所有网站要重新备案登记）；《关于网络游戏发展和管理的若干意见》（7 月 12 日文化部、信息产业部联合下发）	
2006 年文明自律办网站活动开始（2006.2—2007.2）	《互联网电子邮件服务管理办法》（信息产业部 2006 年 2 月 20 日发布）	
2013 年反网络谣言行动（8 月 20 日开始）	《最高人民法院、最高人民检察院关于办理利用信息网络实施诽谤等刑事案件适用法律若干问题的解释》（最高法和最高检 9 月 9 日公布，9 月 10 日起施行）	

（续表）

行动名称	输送内容	
	条文直接输送	条文关联输送
2014 年反网络视频低俗化运动（"净网"行动）（4 月中旬—11 月）	《关于审理利用信息网络侵害人身权益民事纠纷案件适用法律若干问题的规定》（最高法 8 月 21 日公布，10 月 10 日起施行）；《即时通信工具公众信息服务发展管理暂行规定》（国家"网信"8 月 7 日正式发布，简称"微信十条"，其中包含"七条底线"）	
2016 年"净网"行动网信办	起草《互联网信息搜索服务管理规定》并于 8 月 1 日起施行；牵头起草《未成年人网络保护条例》，修订《互联网新闻信息服务管理规定》，制定《移动互联网应用程序信息服务管理规定》《互联网直播服务管理规定》	配合立法机关推动出台《中华人民共和国网络安全法》
2019 年网络生态治理专项行动	2019 年 9 月 10 日起，《网络信息内容生态治理规定（征求意见稿）》（以下简称《意见稿》），向社会公开征求意见	
2022 年"清朗·整治应用程序信息服务乱象"专项行动		《移动互联网应用程序信息服务管理规定》（修订）

（二）互联网运动式治理的文本关联输送机制

法律不仅可以通过规范网络空间的行为与关系而直接作用于网络社会，而且可以通过对技术、市场、准则的影响，引导其他路径作用的发挥，从而间接作用于网络社会。一些互联网运动式治理行动中固然没有直接出台相关法律规范性文件，但对于治理行动中体现出来的很多技术、市场或者准则方面的问题，为相关立法部门和相关互联网监管部门提供了后续关注方向。互联网运动式治理行动结束后，有关的治理探索并未停止，相关立法部门和管理部门在治理行动结束后较长时段内仍关注相关规范性文件的完善，这可看作是"后运动"时期的互联网监管的法律、法规、规章和规范性文本的关联输送活动。

如果参照表 5 - 1，可以看到，2004 年违法网站打击与举报行动于 11 月基本结束后，公安部于 2005 年 12 月 13 日正式颁布《互联网安全保护技术措施规定》，并于 2006 年 3 月 1 日起实施。该规定是与《计算机信息网络国际联网安全保护管理办法》相配套的一部部门规章，是结束运动式治理后有关政府部门继续建设治理长效机制的成果，另外在 2022 年"清朗·整治应用程序信息服务乱象"专项行动推动修订《移动互联网应用程序信息服务管理规定》，上述治理行动结束后持续推动法律、法规、规章和规范性文件的完善与出台，体现出互联网运动式治理中的法律文本的关联输送机制。

上述的互联网运动式治理的条文直接输送和关联输送机制共同构成了互联网运动式治理的文本输送机制，其中文本直接输送机制是通过互联网运动式治理行动发现问题并找到文本输送的着力点，继而在互联网治理运动的实践中锤炼文本的可操作性，再通过互联网运动式治理的契机推动相关规范性文件出台，从而不断致力于解决互联网治理体系的治理依据"不全"的问题。而关联输送机制多侧重以互联网运动式治理实践为平台，在长期时段内持续实验、检验和改进相关的规范创制。尤其值得一提的是，无论立法者属于何种类型，由于他们实际掌握着整合预期的法定权力，因此立法者的行政预期最容易直接转化为行政法律规则，而与公众的经验性行政预期和法律家的抽象性行政预期相去甚远。而互联网运动式治理的法治化转型要实现其治理成为真正意义上的政府主导的多元参与的协同治理模式，这种治理模式可以一定程度上避免不遵循法律程序的闭门"造法"，或者为了实现特定政治目的硬行"造法"，在互联网专项治理的密集的实践中实现行政预期的科学整合，使行政法律规则的创制体现各方的合理行政预期，提高立法效率和立法质量，其致力于解决的是互联网法律体系的"不健"的问题。总之，互联网运动式治理的文本直接输送和关联输送机制两方面共同作用，为互联网"良法"的建设贡献了一定的力量。

（三）互联网运动式治理中所输送条文的法律属性

《中华人民共和国立法法》（以下简称《立法法》）第二章（从第七条至六十四条），对何为法律、立法主体及其权限、立法程序和法律解释等进行了规定，其中第七条规定"全国人民代表大会和全国人民代表大会常务委员会行使国家立法权"，可以制定法律。《立法法》第三章（从第六十五至七十一条）对行政法规的制定机构及制定事项等做了规定，其中第六十五条规定"国务院根据宪法和法律，制定行政法规"。《立法法》第四章（从第七十二条至八十六条）对地方性法规、自治条例和单行条例、规章进行规定，其中第七十二条规定："省、自治区、直辖市的人民代表大会及其常务委员会根据本行政区域的具体情况和实际需要，在不同宪法、法律、行政法规相抵触的前提下，可以制定地方性法规。"第八十条规定："国务院各部、委员会、中国人民银行、审计署和具有行政管理职能的直属机构，可以根据法律和国务院的行政法规、决定、命令，在本部门的权限范围内制定规章。"从《立法法》的相关条文中可见，我国目前行政立法的表现形式有行政法规、中央政府部门规章、地方政府规章等。行政法规的制定主体是国务院；中央政府部门规章是指国务院的组成部门依据宪法和国务院组织法的授权，根据法律和国务院的行政法规、决定、命令，在其法定权限范围内制定和发布的，具有普遍效力的规范性文件，其可分为委任部门规章、授权部门规章、职权部门规章和地方政府规章。另外，在我国，依法享有行政立法权的行政机关制定的规范性文件除行政法规、规章以外，还有大量的决定、命令和行政措施，同时，法律、行政法规、规章或者法定的行政立法主体也授权不享有行政立法权的行政机关制定行政法规、规章的解释性文件或者施行细则，这类决定、命令、行政措施以及解释性文件不具备行政法规、规章的正式形式，制定程序也简便灵活，但对其管辖范围内的行政相对人而言，它们同行政法规、规章一样必须得到普遍遵守。除了国务院和国务院的组成部门之外，其他国家机关、社会团体及单位为执行法律或履行法律赋予的职权而制定的规范性文件具有普遍性、规范性和强制性，但不具备行政法规、规章形式，这些行政立法文件均为从属于法律的规范性文件，可归结为其他规范性文件进行讨论，其他规范性文件的表现形式有：法规性文件（制定程序简便、形式灵活多样），部门规章性文件，省级规章性文件和市级政府规章性文件。

根据上述《立法法》的清晰界定，可以廓清互联网运动式治理行动中直接输送和关联输送的各种法规或规范性文件的法律属性。从表5-1中可见，在2002年7月1日至8月31日的"'网吧'治理专项行动"后出台的《互联网上网服务营业场所管理条例》（以下简称《条例》），由国务院办公厅于2002年9月29日发布，该《条例》属于行政法规；与"违法网站打击与举报行动"（2004年7月16日至11月9日）有直接关涉的《最高人民法院、最高人民检察院关于办理利用互联网、移动通讯终端、声讯台制作、复制、出版、贩卖、传播淫秽电子信息刑事案件具体应用法律若干问题的解释（一）》［以下简称《解释（一）》］，由最高人民法院、最高人民检察院于2004年9月3日发布，该《解释（一）》属于司法解释；"反网络谣言行动"（2013年8月20日开始）期间出台的《最高人民法院、最高人民检察院关于办理利用信息网络实施诽谤等刑事案件适用法律若干问题的解释》（以下简称《解释》），由最高人民法院、最高人民检察院于2013年9月9日发布，并于9月10日起施行，该《解释》也属于司法解释。"反网络视频低俗化行动"（即"净网"行动，2014年4月中旬至11月）期间，最高人民法院于8月21日公布《关于审理利用信息网络侵害人身权益民事纠纷案件适用法律若干问题的规定》（下文简称《规定》），该《规定》也属于司法解释；另外，与"违法网站打击与举报行动"（2004年7月16日至11月9日）有间接关涉的《互联网安全保护技术措施规定》由公安部于2005年12月13日发布，属于部门规章；"高校BBS实名制行动"（2005年2月27日至10月30日）期间，由信息产业部2005年2月8日发布《非经营性互联网信息备案管理办法》（下文简称《办法》），该《办法》属于部门规章，另外此次行动中出台的《文化部、信息产业部关于网络游戏发展和管理的若干意见》由文化部、信息产业部于2005年7月12日联合发布，也属于部门规章；2006年2月至2007年2月的"文明自律办网站活动"中，信息产业部于2006年2月20日发布的《互联网电子邮件服务管理规定》属于部门规章；另外，2014年4月中旬至11月的"反网络视频低俗化行动"（即"净网"行动）期间，国家互联网信息办公室于2014年8月7日正式发布《即时通信工具公众信息服务发展管理暂行规定》（简称"微信十条"），它也属于部门规章。由此可见，互联网运动式治理直接和间接输送的相关条文层级复杂，有些是中央和地方各级国家行政机关在自己的职权范围内发布的规范性法律文件，包括行政法规、规章和具有规范性内容的决定、命令等；还有很多是国家立法机关以外的其他国家机关以及经国家授权的社会团体和单位在职权范围内颁布实施的效力低于法律（狭义上）的规范性文件。整体而言，互联网运动式治理直接和间接输送的相关规范的条文层级普遍较低，其约束力较弱。

二、互联网运动式治理的制度输送机制

法治建设除了条文和规则层面的内容建设外，还包括结构层面相应的运行制度和运行体系建设。制度并非死板、静态的规则条文，制度是规则和条文发生作用的动态、灵活的作用方式和运行机制。因此除了互联网运动式治理的文本输送机制外，本书还关注互联网运动式治理中的制度输送机制。因为，制度可以提供稳定的存续框架，制度建设对于互联网运动式治理的法治化转型非常重要。互联网运动式治理中的各种机制需要制度化才能被长期承载，需要相应的制度安排才能具体落实。就互联网运动式治理的法治化转型而言，本书关注互联网运动式治理行动中的具体法治实践如何构筑基本秩序、如何体现制度品性、如何在具体场合中给出符合民众期待的法律诠释。① 因此，分析互联网运动式治理的制度输送机制也是极为重要的。互联网运动式治理的制度输送机制包括制度"实输送"机制和"拟输送"机制。

（一）互联网运动式治理中的制度"实输送"机制

互联网运动式治理过程会指向制度建设方向，在治理行动中不断朝这个制度方向努力，最终促使有些相关管理制度在互联网运动式治理行动期间确立一个治理体系，这种政府相关管理部门在互联网运动式治理过程的直接的管理体系的建设和法律制度生成机制，可看作是互联网运动式治理的一种制度"实输送"机制。

如表5－2所示，以网络实名制的成形和建立为例，2002年"网吧治理专项行动"于8月底基本结束，而8月14日国务院第62次常务会议通过的《互联网上网服务营业场所管理条例》第二十三条规定："互联网上网服务营业场所经营单位应当对上网消费者的身份证等有效证件进行核对、登记，

---

① 于浩.转型中国的法治化治理［J］.华东政法大学学报，2017（2）：78.

并记录有关上网信息。登记内容和记录备份保存时间不得少于 60 日，并在文化行政部门、公安机关依法查询时予以提供。登记内容和记录备份在保存期内不得修改或者删除。"确立了网吧上网身份证登记制度，此后各地有关管理部门要求所有在网吧上网的客户必须向网吧提供身份证进行实名登记，由此生成了上网身份的实名制，可视为政府在互联网治理领域实行的最早的实名制，为以后探索全面的网络实名制打下了基础。

当然网络实名制的探索没有局限于网吧等互联网上网服务经营场所，2004 年 5 月 13 日中国互联网协会发布了《互联网电子邮件服务标准》（征求意见稿），该资料将是判断邮箱服务归属的标准，首次提出实名制并且强调电子邮件服务商应要求客户提交真实的客户资料，开始探索实行电子邮件实名制。① 而在 2005 年 2 月至 10 月的"高校 BBS 实名制行动"中，以清华大学"水木清华 BBS"为首的一批各大高校的 BBS 向仅限实名制校内交流平台的转变，建立了高校 BBS 实名制度，此次的"BBS 实名制"是依据 2004 年中国教育部发布的《关于进一步加强高等学校校园网络管理工作的意见》（以下简称《意见》）而行的，《意见》明确提出在高校教育网实施"实名制"，并成为中国教育部对中国高校进行审核的重要依据②。

此后，互联网实名制的探索不断深入，2005 年 7 月 12 日，文化部、信息产业部联合下发《关于网络游戏发展和管理的若干意见》，其中第十二点规定："PK 类练级游戏（依靠 PK 来提高级别）应当通过身份证登录，实行实名游戏制度，拒绝未成年人登录进入。"对 PK 类游戏玩家实名登记，这些都是在治理运动中生成落地的相关制度。

本节从 2002 年网吧等互联网上网服务营业场所转型治理直至 2005 年的高校 BBS 实名制行动为例展开分析，但我国早在 2001 年已经开始了加强互联网商务服务营业场所管理的专项行动。③ 实际上，2001 年至 2005 年的局部网络实名制建立的过程是和有关的互联网专项治理行动同时进行的，这里

---

① 电邮服务标准征求意见稿发布 实名制提上日程［EB/OL］.（2004 – 05 – 14）［2024 – 06 – 21］. https://tech. sina. com. cn/i/w/2004 – 05 – 14/0850361475. shtml.

② 胡凌. 网络实名制管理：由来与实践［J］. 互联网法律通讯，2010（5）：77.

③ 李彦. 互联网二十年：专项治理点与面——国家治理与现代化的视角［C］//张志安. 网络空间法治化——互联网与国家治理年度报告（2015）北京：商务印书馆，2015：201.

将以上在运动式治理期间的各领域的实名制建立过程看作是网吧等互联网上网服务经营场所治理运动和高校 BBS 行动的制度体系的"实输送"的表现。

除此以外，2009 年 1 月开始的"整治互联网低俗之风专项行动"确立了参与式的治理模式，网民广泛参与治理成为本次治理行动得以深入开展的重要一环，其参与方式是向互联网违法和不良信息举报中心举报。全国"扫黄打非"办公室举报中心数据显示，专项行动期间收到举报共计 16 万余条，并已分 6 批次向 516 名举报人兑现奖金共 52.6 万元。此外，互联网违法和不良信息举报中心、12321 网络不良与垃圾信息举报受理中心、公众信息网络安全举报网站三家举报中心也接获大量举报线索。① 本次专项行动只是参与式治理的一次探索，这种参与式治理模式能否进一步发展并且成为长效机制，以及是否能发掘出其他参与方式，需要在以后的治理实践和理论研究中进一步探究。另外，在 2023 年"清朗·从严整治'自媒体'乱象"专项行动中，建立健全了"自媒体"粉丝数量管理、营利行为监管等制度机制，② 上述各项行动中生成和输送的长效治理模式，为一些社会问题的"法治化"治理提供了新思路，也能体现互联网运动式治理的制度"实输送"的机制。

表 5－2　主要互联网运动式治理行动的制度输送

行动名称	输送内容	
	制度实输送	制度拟输送
2002 年网吧治理专项行动（7.1—8.31）	互联网上网服务营业场所重新审核登记程序；网吧上网身份证登记制度	网络实名制
2005 年高校 BBS 实名制行动（2.27—10.30）	高校 BBS 实名制、网站接入托管的备案登记、QQ 群群主实名登记、PK 类游戏玩家实名登记；"网络评论员"制度	"博客"实名制（2006 年建立）、BBS 版主实名登记、网络实名制

① 璩静，马嘉骊. 全国扫黄打非一年关闭涉黄网站 6 万多 ［EB/OL］. （2011－01－04）［2018－06－10］. http：//tech. qq. com/a/20110104/000333. htm.

② 2022 网络清朗行动 聚焦十个方面重点任务 开展网络环境整治 ［EB/OL］. （2022－03－18）［2024－06－21］. https：//www. thepaper. cn/newsDetail_ forward_ 18709417.

（续表）

行动名称	输送内容	
	制度实输送	制度拟输送
2006 年文明自律办网站活动（2006.2—2007.2）	网络警察现身制度	信息安全责任制度、网络媒体群众举报受理制度，举报奖励制度
2009 年反低俗之风专项行动（2009 年 1 月 5 日始）		网络信息公众评议、公众举报等制度、强化曝光谴责机制和通报表扬机制、制订低俗信息鉴定标准、网站建立工作责任制等
2013 年反网络谣言行动（8 月 20 日开始）		网络谣言监测形成机制、筛选确认制度、破坏评估制度、整合相关职能机构调查处理制度、处理后反馈制度；完善网站行业自律制度；完善法律对网络谣言的民事、行政、刑事等方面配套的规范
2014 年反网络视频低俗化运动（"净网"行动）（4 月中旬—11 月）		"网信"部门负责牵头建立联席会议制度、完善举报投诉制度
2021 年"清朗"系列专项行动		推进互联网违法和不良信息举报受理处置一体化机制建设
2022 年"清朗"系列专项行动　"清朗·MCN 机构信息内容乱象整治"专项行动		督促重点网站平台建立 MCN 机构分级管理制度，通过平台 MCN 机构入驻协议，明确 MCN 机构信息内容业务活动标准和责任，加强信息披露，建立专门举报受理渠道

（续表）

行动名称		输送内容	
		制度实输送	制度拟输送
2022 年"清朗"系列专项行动	"清朗·打击网络谣言"专项行动	建立溯源机制，对首发、多发、情节严重的平台和账号，严肃追究相关责任；建立健全治理网络谣言工作机制	
	"清朗·整治应用程序信息服务乱象"专项行动		推动形成"平台管程序、程序管账号"的管理链条
	"清朗·打击流量造假、黑公关、网络水军"专项行动	加强线索移交和信息共享，健全跨部门跨平台联动处置机制	
2023 年"清朗"系列专项行动	"清朗·从严整治'自媒体'乱象"专项行动	建立健全"自媒体"粉丝数量管理、营利行为监管等制度机制	
	"清朗·规范重点流量环节网络传播秩序"专项行动		督促指导网站平台建立健全重点流量环节规范传播秩序长效工作机制
	"清朗·优化营商网络环境保护企业合法权益"专项行动	强化维权工作机制	指导网站平台健全信息内容审核发布机制
	"清朗·生活服务类平台信息内容整治"专项行动		督促网站平台优化完善弹窗信息推送、搜索结果黑名单、广告位置等重点环节机制
	"清朗·整治短视频信息内容导向不良问题"专项行动		督促短视频平台进一步优化算法推荐机制；优化账号管理制度，建立健全账号内容质量和信用评价体系，推动形成短视频行业良性竞争机制

（二）互联网运动式治理中的制度"拟输送"机制

有些治理行动虽未在运动式治理期间直接促生相关治理制度，但却提供了后续制度体系建设的探索方向，并在其后的制度体系建设中起到推动作用，在相关的互联网运动式治理行动结束后促使一些互联网管理体系得以建立，由此勾画出互联网运动式治理的制度"拟输送"机制。

例如，高校 BBS 实名制行动于 2005 年 10 月基本结束后，沿着行动中提示的网络实名制方向还有后续的拟输送结果，2006 年下半年开始对各大门户网站如搜狐、网易等社区的版主进行实名登记，① 当年还建立了"博客"实名制，将网络实名制又切实地推进一步。但最终没有采取强制实名制管理的措施，2008 年的网络实名制立法并未得到推进，而是倡导加强行业自律，鼓励自行采用实名注册制。

另外，在保证言论自由不被抑制的前提下，2013 年"反网络谣言行动"中提出很多遏制网络谣言的措施，诸如政府与网络媒体合作，形成合力，建立网络谣言监测机制、筛选确认制度、破坏评估制度、整合相关职能机构调查处理制度、处理后反馈制度，接受社会监督，此外还提出了完善公民网络行为法律制度。当然这些制度的建立并非朝夕之功，需要在行动结束后继续探索并加以建设。

在 2014 年 4 月 13 日，全国"扫黄打非"工作小组办公室、国家互联网信息办公室、工业和信息化部、公安部联合发布了《关于开展打击网上淫秽色情信息专项行动的公告》，决定自 4 月中旬至 11 月，在全国范围内统一开展打击网上淫秽色情信息"扫黄打非·净网 2014"专项行动。公告要求，各地各有关部门要对互联网站、搜索引擎、应用软件商店等互联网信息服务提供者和网络电视棒、机顶盒等设备进行全面彻底清查，依法严惩制作传播淫秽色情信息的企业和人员，严格落实互联网企业主体责任，严肃追究失职渎职责任。② 上述这些制度体系建设很显然是短时间内不能完成的，但都提示了未来制度体系的建设选项，体现出互联网运动式治理的制度

① 实名制掀起网络"正名运动"［EB/OL］.（2006 – 08 – 09）［2024 – 06 – 21］. https：// news. sina. com. cn/o/2006 – 08 – 09/06169696608s. shtml.

② 范传贵. 我国互联网依法治理已成常态［J］. 青年记者，2014（30）.

"拟输送"机制。制度的生成是一个复杂的系统过程，既有内在诱发的必然性，也有其外在催促的偶然性。① 这些互联网管理制度体系虽未在相关的互联网运动式治理行动中得以直接建立，但是如果可以结合相关的互联网运动式治理实践经验不断探索，在互联网运动式治理结束后的一段时间内沿着行动中确立的制度建设方向继续深化、改进、完善和落实，相信可以为以后的互联网治理的制度建设做出重要贡献。

由此可见，参与互联网运动式治理的各政府管理部门通过制度"实输送"和制度"拟输送"机制的共同作用，来进行互联网运动式治理的后续制度体系探索和建设，达成互联网运动式治理的"稳中有进"的动态演进的法治化转型，同时也致力于解决互联网法律体系的"不稳"的问题。国家权力的目的不仅在于维持简单的延续，而且力图在具体的运作过程中实现自身的再生产与再扩充。② 互联网管理的权力部门通过互联网运动式治理的行动实践也在积极实现自身权力的再生产和再扩充。

需要指出的一点是，互联网运动式治理的法制输送机制还可以被视为一种互联网治理的"去政治化"和"去行政化"的尝试。在互联网运动式治理中，互联网监管机构除了诉诸政治的、行政的治理方式外，还诉诸法律方式和技术方式进行互联网治理，有时还通过倡导公众参与和各方自律等方式来辅助互联网治理，是一种综合性的治理方式。但是互联网运动式治理方式主张政府相关的互联网监管部门在互联网治理运动式中应当发挥领导作用，运动式监管作为安全保障而存在，必须凭借强力有效手段，以此实现政府的互联网管理部门能够调用各种资源服务于监管的目的。因此互联网运动式治理的政府主导型特点使得它主要通过诉诸政治和行政的强力治理方式，较为倚重政治动员和行政命令的方式，即便是最能体现自治的各个互联网行业协会也是在互联网管理部门的行政领导下开展工作，公众在互联网管理部门的动员和领导下多是被动参与互联网治理，其参与度

---

① 徐家良. 制度生成与制度变迁的趋势［C］// 余逊达. 法治与行政现代化. 北京：中国社会科学出版社，2005：269.

② 唐皇凤. 常态社会与运动式治理：中国社会治安治理中的"严打"政策研究［J］. 开放时代，2007（3）：123.

也是不足的，只起到补充和协助的作用。因此，原有的互联网运动式治理方式有悖于互联网法治的"多利益方"共同参与原则，不仅滞后于时代，且弊大于利，在互联网运动式治理的法治化转型问题上，原先的政治性和行政化治理需要进一步被弱化。

而近些年，互联网管理部门不断顺应"依法治国"和"依法治网"的大背景，积极转变治理方式，其治理的去政治化和去行政化的工作其实一直在持续。汪晖将20世纪60年代的消逝视为一种独特的"去政治化"的过程，他认为60年代的终结意味着经受了巨大危机的两种社会体制的重新巩固，但这一巩固过程是通过"去政治化"的方式进行的。

本书认为在互联网治理领域长期沿袭传统管制思路，政治性和行政强制性治理过多，需要适当地去政治化，更多诉诸法律等治理的手段，向更平衡的法治化治理转型。弱化互联网运动式治理中的政治化和行政化的治理与强化互联网运动式治理的法治化的治理是一体两面、不可分割和相辅相成的。弱化互联网运动式治理中的政治化和行政化治理只是找寻互联网运动式治理的法治化转型机制的一个重要导向，治理的去政治化和去行政化的另一面意味着强化互联网运动式治理的法治化治理。例如，根据法律运用规则的"优先适用规则"，相应事项的处理既有法律手段可以适用，又有其他手段可以适用，应优先适用法律手段。① 互联网管理的权力部门在具体的运动式治理实践中越来越优先使用法律手段，而并非优先使用非法律手段。通过对互联网运动式治理案例的文本细读，可以看到在互联网运动式治理的不同阶段建立了很多相关管理制度，也出台了大量行政法规和其他行政法规范性文件。

由此，互联网运动式治理的法律文本输送机制和法律制度输送机制使其逐渐成为一种开放式的和成长性的治理方式，有助于逐渐吸纳和削弱政治化和行政化的治理，同时在"运动输送法治"的过程中促进互联网法的良好实施和良好执行，在运动式治理实践中教育公众并促进社会普遍守法，并在运动式治理实践中试验、纠偏和完善互联网监管体系，最终有助于促

---

① 姜明安. 再论法治、法治思维与法律手段 [J]. 湖南社会科学，2012 (4)：79.

进互联网运动式治理逐渐向治理的法治化演进。

综上所述，近年我国许多公共事件促生了一些法规出台，"因事成制"的思维和路径契合我国文化传统，是"因势成事"的具体表现。"因事成制"可以创新制度，也可以进行法律移植。如果可以沿着"因事成制"的思路，不断通过治理行动进行文本输送和制度输送，再用不断完善的制度化治理反过来指导和改善互联网运动式治理实践，建立互联网运动式治理从行动到制度、再从制度反馈到行动的良性循环的法制输送机制，对于实现互联网运动式治理的扬长避短很有帮助，也有助于互联网运动式治理的创新转型，有助于互联网监管渐入佳境。

另外，互联网运动式治理中的法制输送机制既包含了行政法治的渐变因子，也包含了行政法治的突变因子，二者的互动有助于实现互联网法治的跃迁。因为，行政法治的演变与突变之间并不矛盾。行政法治在长期演变的基础上实现突变，突变之后又面临着新的渐次演变。但是，二者之间的张力也是不言自明的。只有开放式的、交互性的法律文明系统，才是富有生命和活力的有机系统，而闭关自守、盲目排外，必然导致法律文明进步张力的丧失。互联网运动式治理一方面遵循和继承传统的治理理念和方式，但另一方面又在强力的治理运动中不断探索，尝试突破现有规则，并不断创制新规则。可见，要实现互联网法治，需要重视通过互联网运动式治理这种渐变和突变的连接点，来平衡互联网法治建设中的渐进力量和突变力量之间张力的正向互动，在妥善处理二者张力的过程中实现互联网运动式治理的法治化转型，并为互联网法治建设添砖加瓦。

第二节　互联网运动式治理中的治理学习机制

互联网运动式治理的法治化转型需要多方的资源来辅助推进，不可能单凭法律的创新来完成。虽然在复杂的社会治理中，法律因其具有其他社会控制手段所无与伦比的技术可操作性而成为最佳的社会关系调整器，但法律在创制、运作以及对社会关系的作用等方面，也存在着固有的局限。

法治化的治理固然主要以法律方式调整社会，也同样需要其他社会控制手段共同发挥作用。因此，要充分发挥法律在互联网治理路径中的系统效应和协同效应，在互联网治理中，需要技术、市场、准则、法律共同发挥作用，协调一致，才能更好地维护互联网秩序。政府治理工具是多元化的，而非单一的。理论上，不同学者根据不同标准从不同角度对政府治理工具进行种类划分。有学者把治理工具划分为权威、诱因、能力建设、符号和劝诫、学习；林德和彼得把治理工具划分为命令、财政补助、管制、劝诫、权威、契约等；也有学者把治理工具划分为三种不同的"工具家族"（families of instruments），即管制性工具、财政性工具和沟通性工具。对于政府如何选择有效的治理工具，学者们从理论的角度出发，也提出了不同的选择途径，如经济的选择途径、政治的选择途径和整合的选择途径等。实践中，根据法律运用的"协调适用规则"，相应事项的处理有多种手段（包括多种法律手段）适用时，在必要时可以综合使用，并协调这些手段之间的相互关系，以求取得最佳的处理效果。因此，除了探讨互联网运动式治理法治化转型的法律路径保障和法律机制保障之外，还需要扩宽思路，探讨互联网运动式治理的其他保障机制。

　　李永刚基于公共政策的学习理论提出在互联网内容治理方面从不善应对到治理娴熟的持续的政府政策学习过程。而本书认为，政府在互联网运动式治理过程中也是通过一种政策启发和治理学习来实现治理技术和治理模式的演进，在互联网运动式治理实践中还蕴含着一个治理学习的闭合性循环。互联网运动式治理不仅直接或间接地输送互联网法律文本和制度体系，其治理主体还在治理实践和法制输送过程中不断进行政策启发和治理学习。如图5－1所示，这种"启发"和"学习"不是治理主体的单向输入过程，而是互联网运动式治理主体、治理客体和治理环境之间的相互作用——治理行动中的现实问题、应对策略、政治因素和其他各种相关社会因素都会被治理主体关注、输入、试错和学习，然后再输出经提升和改进的治理方式、执法方式，而这种螺旋上升的政策输出可以反作用于互联网运动式治理实践，促进互联网监督体系的建设，也给治理主体提供双向反馈，并不断促使治理主体面临新的学习起点，进入下一个学习周期，如此不断循环反复，形成一个互联网运动式治理方式的法治化演进闭环。

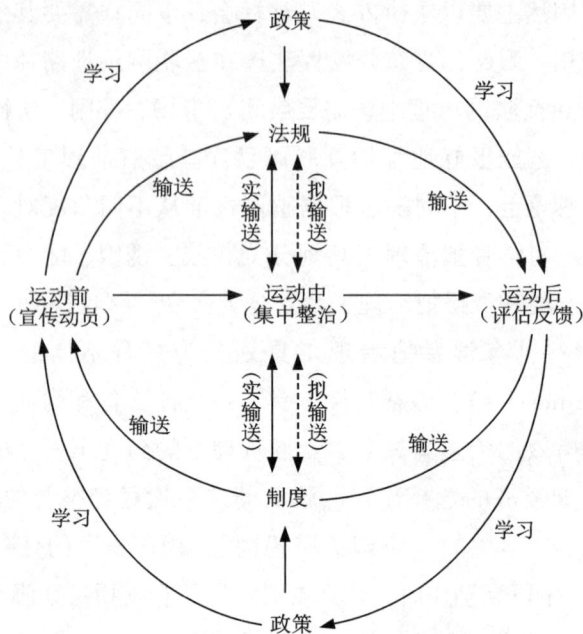

图 5−1 互联网运动式治理法规和制度输送机制

由于"国家主义与法治之间的互益与背反关系在当我们从规范视角转向功能视角时，这样的紧张关系会稍作松缓，也不妨碍将普遍的法治理念和法治观念植入具体的法治治理模式中。改革开放以来我国的立法体系建设、司法改革过程、行政执法和互联网治理，甚至是更为细致而微观的法律解释技术和方法，都体现了这一点"①。所以，从法制输送和治理学习的角度观察互联网运动式治理都是出于一种功能视角，互联网运动式治理通过法律文本直接输送机制及关联输送机制、法律制度的制度"实输送"和"拟输送"机制共同构筑了互联网运动式治理的法制输送机制，在此机制作用下，政府充分利用互联网运动式治理的契机，在治理过程中加大修法、立法的力度和进度，建立相应的法律规范和制度规范，进而实现互联网治理和互联网制度建设的双重目的，显示了互联网运动式治理不仅是一种治理方式，也是密集的制度输送管道，勾画了互联网运动式治理的法制输送的线路图。此外，互联网治理主体还在不同形态的法制输送过程中进行治

---

① 于浩. 转型中国的法治化治理［J］. 华东政法大学学报，2017（2）：83.

理学习，并通过治理学习实现互联网法律规则的良好实施和执行，促进互联网监管体系的建设和完善，并在此过程中充分动员各社会全体，达成守法共识，由此不断实现互联网运动式治理的法治化转型。

第三节　互联网运动式治理中的技术反塑机制

现代通信技术的快速发展对社会发展的重要影响已无须赘述。鉴于当前电子政务建设对行政法治化的重要意义和价值，需要重视互联网技术为典型代表的新技术对互联网运动式治理的实施过程和实施行为发挥的重要的影响，它不仅持续地反向重塑互联网监管部门的思维方式和行动方法，在提高其治理效率和治理质量的同时也在不断重塑互联网治理体制、互联网法律规制的监督和实施。此外，新技术也在不断重塑其他诸如互联网企业和网民等互联网参与方的思维方式和行动方法，给互联网运动式治理的法治化转型提供很多可能性和巨大创新空间，不断增强互联网法治的氛围，最终体现出技术对于互联网之"善治"的重要形塑作用。

一、互联网新技术对多元治理体制的反向再塑

新媒体具有参与性较强的特性使其具有一定的反制性，能够使得非极端事件也可以穿透互联网"海量信息"之幕，让无数他者关注，让传统媒体和政府部门关注，使得政府部门在信息压力下启动治理行动，从而在一定程度上设置政府治理日程。如果能正确依托新媒体技术平台，利用新媒体具有的绕过传统媒体束缚和政府控制的直达性、反制性等特性，可以有效地避免公众参与流于形式的局面，变单一的运动式治理为多元治理范式，促进互联网治理向民主协商和多元治理转型。很多学者都在寻找这种提纲挈领的切入点。譬如，张华青的关于政府公共管理的运动化范式转变的阐释就很有启发意义——他强调在政府社会公共管理运动化范式转变中，必须建立起一套常态化运作范式的保障，它主要以公共信息透明化、公共沟通及时化、公共质询定期化、公共监督日常化和公共评价制度化作为具体

而又基本的运作抓手。① 本书认为无论是政府公共信息透明化、公共沟通及时化、公共质询定期化、公共监督日常化，还是公共评价制度化都指向了构建基于互联网平台和新媒体技术支撑之上的公众参与的治理体系。在互联网运动式治理中如果可以依托互联网技术，沿着以上几个方向，进行治理模式的创新，引入并建构基于互联网平台的公众参与治理的机制，采取政府和社会多元共治的方式，构建民主参与式的治理模式，无疑可以大大加强政府的精细化治理的能力，是促进互联网运动式治理的法治化转型的突破口之一。

二、互联网新技术正在有力促进互联网法律规则得以更好地实施和监督

目前，互联网技术在司法领域的使用已经极大加快了相关司法改革的进步。例如，对于司法不公开、不透明的问题，最高人民法院建立审判流程公开、裁判文书公开、执行信息公开三大平台。这是三中全会通过的《中共中央关于全面深化改革若干重大问题的决定》和四中全会通过的《中共中央关于全面推进依法治国若干重大问题的决定》就一些法律实施方面的顽疾所提出的解决方案。截至 2015 年年底，中国审判流程信息公开网总访问量达 87.85 万人次；中国裁判文书网公布裁判文书 1448 万份，总访问量达 4.1 亿人次；执行信息公开网共发布被执行人信息 3434.7 万条，提供执行案件信息查询 3685 万人次。中国法院庭审直播网 2015 年共视频直播庭审 3795 万次。人民检察院案件信息公开系统自 2014 年 10 月正式运行，截至 2015 年，共发布案件程序性信息 254 万余件、重要案件信息 102 万余条、生效法律文书 76 万余份。新媒体技术也催化了法律实施方面的一些创新举措，司法机关通过新闻发布会、政务网站、微博、微信、新闻客户端等，不断创新司法公开的形式和内容。2015 年，最高人民法院召开新闻发布会 12 场。截至 2015 年，全国各级法院共开通微博账号 3980 个、微信公众号 1447 个、新闻客户端 1468 个，全国检察机关共开通微博账号 4085 个、微

---

① 张华青. 社会公共管理必须从运动化范式走向常态化范式 [J]. 探索与争鸣，2003 (11)：27.

信公众号 3186 个、新闻客户端 2550 个，全国公安机关共开通微博账户、微信公众号、法治宣传客户端和普法网站 8000 多个。最高人民法院推出中国法院手机电视应用程序软件，截至 2015 年共发布视频 2862 条，内容更新量 22245 分钟，用户达 65.18 万人。互联网技术和大数据给司法流程效率提升也带来促进作用。2015 年 12 月，最高人民法院律师服务平台正式上线，共收集律师事务所信息 21707 家，录入律师信息 81476 条，为律师参加诉讼活动提供网上立案、网上阅卷、案件查询、电子送达、联系法官等更加便捷的法律服务。2014 年 2 月，最高人民法院开通网上申诉信访平台。2014 年 5 月，最高人民法院开通远程视频接访系统，截至 2015 年完成接谈 8200 余件。2015 年，最高人民检察院建成全国四级检察机关全联通的远程视频接访系统。2015 年，各级检察机关共接收、办理群众信访 114.8 万件次。技术的推动无疑也将重塑互联网法律实施的方式、效率和效果。在互联网运动式治理这一行政管理领域可以看到，互联网法的更新速度远远落后于互联网技术发展，一方面互联网技术已经过多次跨越式发展，而另一方面相关法律并未及时调整，这给互联网运动式治理行动中的相关法律规则的良好实施带来不小的难度，但随着"司法大数据"和"人工智能"与法治建设更加深度融合，它们将极大地辅助相关立法和执法部门的工作效率与质量。同时也将有助于互联网运动式治理主体更新治理思路、提高治理效率，在运动式治理实践中解决治理难和执行难的问题。而由于智能手机等新媒体作为更便捷的信息获取渠道和发布媒介，将有助于政府信息公开平台更有效地为公众所用，从而促进政府和公众的双向沟通，大大提高公众对于包括互联网监管机构在内的政府管理部门的监督频率和监督力度，这无疑也将加强对互联网运动式治理等政府治理行为的有效监督。

三、互联网新技术给互联网运动式治理转型提供了很大的创新空间

随着政府治理中的很多事务进入"互联网 +"的平台，带来的不仅是更便民、质量和效率更好的政府服务，也会大大促进政府治理模式和治理思路的创新。譬如，在"互联网 +"的大战略下，目前全国大部分省份、城

市将政务服务、生活服务接入移动即时通信平台——"微信",越来越多的全国各地城市居民仅通过手机即可随时享受医疗、户政、教育和票务等各种服务,将腾讯服务用户的技术与城市服务的深层需求相结合,加快城市智能化和人性化的变革步伐,进一步实现"互联网＋城市"的智慧型城市生态。① 政府各管理部门如果能够沿着这样的路径和方向改进治理,有望让法律规范能够借助互联网技术而更高效地协调整个社会,并通过整合相关因素,增加制度媒介项以及注重过程调节等方式达到转换权力结构并促进互联网运动式治理的法治化转型。

四、互联网新技术有助于培养法治社会之现代公民

当今,互联网管理部门面对的是自媒体时代的新公众,互联网技术极大增强了公众维权诉求的表达和行动能力,一个普通网民直接利用互动的、非等级的新媒介发布信息,可以绕过传统媒体的束缚和控制,直接引起公众的关注和讨论,形成强大的舆论场,而传统媒体和互联网监管机构常常是在公众讨论之后才缓慢跟进。这在互联网运动式治理的启动机制中表现得尤为突出——互联网运动式治理的启动离不开民意和监管机构意愿的"合流"和"共振",网民们手握自媒体,维权意识增强,公民意识上升,加之行动迅速,一个普通的事件也可能快速聚合民意,以致出现了一个有趣的现象:在很多事件发生现场,涉事者和围观者第一反应大多是举起手机拍照存证或录像为凭,事后再通过微信或微博将事件曝光于互联网而获得关注,运用新媒体积极实现事件公开化日益成为人们的维权首选。② 如果暂时搁置对公民信息传播权界限等问题的争议,从中可以看到移动互联网技术发展的巨大的反向再塑力量,它给予公众更多话语权,它促进公众不断积累新媒体的使用经验并不断提高其新媒体素养,它促进公众维权意识不断增强。

---

① 亚太城市峰会及市长论坛:腾讯向世界展示"智慧城市"的现在与未来 [EB/OL]. (2015 - 07 - 07) [2024 - 06 - 21]. https://www.tisi.org/? p = 4117.

② 青岛市委书记批示天价虾事件 [EB/OL]. (2015 - 10 - 08) [2024 - 06 - 21]. https://www.sohu.com/a/34549666_ 117499.

五、互联网新技术增强了普遍守法和公众自律的互联网法治氛围

互联网技术迅猛发展促进互联网使用者群体的利益复杂化，使得互联网权利主体分化，并且使相关方权利实现的途径日益多元化，因而各利益群体之间和治理主客体之间的调和也就成为一个紧迫的问题。而互联网新技术的高效沟通和便捷操作，使其成为沟通各方的助攻手，有助于促进多元利益主体之间的平衡和协调，有助于动员整个社会力量参与互联网治理，有助于推动各种利益群体在互联网法治的共同目标中达成共识，凝聚法治意识，一致行动，促进全民守法的社会氛围的形成。同时，技术也提高了公民的维权能力，理性主动维权的公民越来越多，互联网行业组织和相关社会团体的发育，使得公民社会发展日益进入发展的快车道，促使自下而上的监督力量不断成长，并发展成为"广泛性""无缝化"的日益完善的监督体系，这也有助于重塑网民、互联网企业和行业内人员等互联网使用者和参与者的自律，也将有助于塑造普遍守法的互联网法治氛围。

由此，本书认为，在信息时代，以互联网技术为典型代表的新兴技术不会停下进步的步伐，推动互联网运动式治理的法治化转型本身就离不开现代通信技术的使用，但肯定技术的重要性并不是要陷入技术决定论。因为，技术本身具有中立性，但它的运用具有两面性，对其充分而恰当运用会产生技术之于互联网的正面作用，反之则会呈现负面作用。从这个意义上讲，技术又是一把"双刃剑"。因此，相关互联网管理部门要正视技术对互联网运动式治理法治化转型和互联网法治建设的反向再塑作用，正确运用互联网技术，提升自身的媒体意识和技术素养，积极依托自媒体、新媒体和"融媒体"等技术平台和场域，使技术成为一种良性切入力量，推动互联网运动式治理模式的调整转型，并提升其转型"加速度"，最终为互联网运动式治理的法治化转型带来新路。

参考文献

［1］唐守廉．互联网及其治理［M］．北京：北京邮电大学出版社，2008．

［2］李永刚．我们的防火墙：网络时代的表达与监管［M］．桂林：广西师范大学出版社，2009．

［3］马骏，殷秦，李海英，朱阁．中国的互联网治理［M］．北京：中国发展出版社，2011．

［4］黄相怀．互联网治理的中国经验：如何提高中共网络执政能力［M］．北京：中国人民大学出版社，2017．

［5］钟瑛，刘瑛．中国互联网管理与体制创新［M］．广州：南方日报出版社，2006．

［6］庹祖海．互联网＋文化：发展纪事与观察思考［M］．北京：北京邮电大学出版社，2016．

［7］贾丹华．因特网发展中的公共政策选择［M］．北京：北京邮电大学出版社，2004．

［8］何精华．网络空间的政府治理：电子治理前沿问题研究［M］．上海：上海社会科学院出版社，2006．

［9］马志刚．中外互联网管理体制研究［M］．北京：北京大学出版社，2014．

［10］江必新．行政法制的基本类型［M］．北京：北京大学出版社，2005．

［11］胡锦光．行政法学概论［M］．北京：中国人民大学出版社，2010．

［12］王海忠．品牌管理［M］．北京：清华大学出版社，2014．

［13］肖北庚．走向法治政府［M］．北京：知识产权出版社，2006．

[14] 肖北庚．行政决策法治化研究［M］．北京：法律出版社，2015.

[15] 应松年．行政法学教程［M］．北京：中共中央党校出版社，2001.

[16] 宋功德．行政法哲学［M］．北京：法律出版社，2000.

[17] 展江，吴薇．开放与博弈：新媒体语境下的言论界限与司法规制［M］．北京：北京大学出版社，2013.

[18] 李彦．互联网二十年：专项治理点与面：国家治理与现代化的视角［M］．北京：商务印书馆，2015.

[19] 张志安．网络空间法治化：互联网与国家治理年度报告（2015）［M］．北京：商务印书馆，2015.

[20] 张成福．论政府治理工具及其选择［M］．//中国人民大学宪法与行政法治研究中心．宪法与行政法治研究．北京：中国人民大学出版社，2003.

[21] 武学华．中国行政立法现状探究［M］．//中国人民大学宪政与行政法治研究中心．宪法与行政法治研究．北京：中国人民大学出版社，2003.

[22] 凯斯·R. 桑斯坦．网络共和国：网络社会中的民主问题［M］．黄维明，译．上海：上海人民出版社，2003.

[23] 凯斯·R. 桑斯坦．信息乌托邦：众人如何生产知识［M］．毕竞悦，译．北京：法律出版社，2008.

[24] 劳伦斯．莱斯格．代码：塑造网络空间的法律［M］．李旭，译．北京：中信出版社，2004.

[25] 库巴利加．互联网治理［M］．鲁传颖，惠志斌，刘越，译．北京：人民邮电出版社，2005.

[26] P. 诺内特，P. 塞尔兹尼克．转变中的法律与社会［M］．北京：中国政法大学出版社，2002.

[27] 约翰·罗尔斯．正义论［M］．北京：中国社会科学出版社，1988.

[28] 杨志军，彭勃．有限否定与类型化承认：评判运动式治理的价值取向［J］．社会科学，2013（3）.

[29] 尹建国．我国网络信息的政府治理机制研究［J］．中国法学，2015（1）.

［30］ 徐家力. 论网络治理法治化的正当性、路径及建议［J］. 东北师大学报（哲学社会科学版），2017（4）.

［31］ 李洪雷. 论互联网的规制体制：在政府规制与自我规制之间［J］. 环球法律评论，2014（1）.

［32］ 胡凌. 网站治理：制度与模式［J］. 北大法律评论，2009（2）.

［33］ 胡泳. 中国政府对互联网的管制［J］. 新闻学研究，2010（4）.

［34］ 曹海涛. 从打击网络谣言看互联网治理［J］. 新闻战线，2013（10）.

［35］ 郭全. 互联网时代的网络谣言治理研究［J］. 新闻爱好者，2018（6）.

［36］ 王璐. 合法性与合理性：关于微博谣言法律规制问题的实证研究［J］. 河北法学，2013（4）.

［37］ 王利明. 论互联网立法的重点问题［J］. 法律科学（西北政法大学学报），2016（5）.

［38］ 周汉华. 论互联网法［J］. 中国法学，2015（3）.

［39］ 张平. 互联网法律规制的若干问题［J］. 知识产权，2012（8）.

［40］ 秦绪栋. 网络管制立法研究［J］. 网络法律评论，2004（1）.

［41］ 张新宝，林钟千. 互联网有害信息的依法综合治理［J］. 现代法学，2015（3）.

［42］ 胡凌. 论赛博空间的架构及其法律意蕴［J］. 东方法学，2018（3）.

［43］ 刘承韪. "互联网＋法律"的机遇与挑战［J］. 中国律师，2016（1）：43－45.

［44］ 刘晗. 域名系统、网络主权与互联网治理：历史反思及其当代启示［J］. 中外法学，2016（2）.

［45］ 王涛. 网络公共言论的法治内涵与合理规制［J］. 法学，2014（9）.

［46］ 张素伦. 网络安全法及其与相关立法的衔接：我国《网络安全法（草案)》介评［J］. 财经法学，2016（3）.

［47］ 徐斌. 视听网站监管的逻辑变迁［J］. 法律和社会科学，2016（15）.

［48］ 严新龙. "互联网＋"时代的行政法律规制［J］. 重庆社会科学，2017（7）.

［49］ 颜晶晶. 中国的互联网立法如何走得更远：传媒法视野下的思考

［J］．网络法律评论，2013（1）．

［50］乌静，白淑英．论我国互联网管制的政策主体与能力提升问题［J］．
黑龙江社会科学，2009（4）．

［51］刘金瑞．美国网络安全立法近期进展及对我的启示［J］．暨南学报
（哲学社会版），2014（2）．

［52］胡凌．"网络中立"在美国［J］．网络法律评论，2009（10）．

［53］尹建国．论美国网络信息安全治理机制及其对我国之启示［J］．法商
研究，2013（2）．

［54］肖燕雄．传播科技发展对美国传媒监管之法律政策的影响及其启示
［J］．现代传播，2006（6）．

［55］谢尧雯．论美国互联网平台责任规制模式［J］．行政法学研究，2018
（3）．

［56］曹龙虎．中国网络的运动式治理："专项整治"研究［J］．二十一世
纪双月刊，2013（6）

［57］郭栋．运动式治理、权力内卷化与弥散性惩罚：当前微博规制检视
［J］．国际新闻界，2013（12）．

［58］杨志军．运动治理模式研究：基于三项内容的考察［J］．厦门特区党
校学报，2013（2）．

［59］谢金林．网络空间草根整治运动及其公共治理［J］．公共管理学报，
2011（1）．

［60］刘雅静．社会治理创新：理论蕴含、实践困境与路径探寻［J］．理论
导刊，2014（10）．

［61］仲崇盛．论管理性政府形态的管理模式和理论的演化［J］．中国青年
政治学院学报，2009（3）．

［62］蒋力啸．试析互联网治理的概念、机制与困境［J］．江南社会学院学
报，2011（9）．

［63］冯志峰．中国运动式治理的定义及其特征［J］．中共银川市委党校学
报，2007（2）．

［64］孙培军，丁远朋．国家治理机制转型研究：基于运动式治理的视角
［J］．江西师范大学学报：哲学社会科学版，2015（2）．

［65］林尚立．在有效性中累积合法性：中国政治发展的路径选择［J］．复旦学报，2009（2）．

［66］王连伟，刘太刚．中国运动式治理缘何发生？何以持续：基于相关文献的述评［J］．上海行政学院学报，2015（5）．

［67］单鑫．多维度视角下的中国运动式治理［J］．湖北行政学院学报，2008（5）．

［68］吴志攀．"互联网＋"的兴起与法律的滞后性［J］．国家行政学院学报，2015（3）．

［69］余慈珍．现阶段我国行政文化堕距探析［J］．福州党校学报，2005（1）．

［70］秦策．法律价值目标的冲突与选择［J］．法律科学，1998（3）．

［71］谢晖．论法律价值与制度修辞［J］．河南大学学报（社会科学版），2017（1）．

［72］胡灵．探微法律价值衡量的践行：对法律价值衡量方法运用的思考［J］．贵州大学学报（社会科学版），2009（9）．

［73］胡艳秋．浅议法律价值［J］．重庆科技学院学报（社会科学版），2008（11）．

［74］肖北庚．论协商民主在行政决策机制中的引入［J］．时代法学，2009（10）．

［75］邹焕聪．公私合作主体的兴起与行政组织法的新发展［J］．政治与法律，2017（11）．

［76］罗豪才，宋功德．行政法的治理逻辑［J］．中国法学，2011（2）．

［77］熊文钊，史艳丽．试论行政组织法治下的行政体制改革［J］．行政法学研究，2014（4）．

［78］王融．中国互联网监管的历史发展、特征和重点趋势［J］．信息安全与通信保密，2017（1）．

［79］王洛忠，刘金发．从"运动型"治理到"可持续型"治理：中国公共治理模式嬗变的逻辑与路径［J］．未来与发展，2007，28（5）：54 - 58．

［80］于浩．转型中国的法治化治理［J］．华东政法大学学报，2017（2）．

［81］胡凌. 中国网络实名制管理：由来、实践与反思［J］. 中国网络传播研究，2010（4）.

［82］深入开展"阳光绿色网络工程"［J］. 信息安全与通信保密，2006（8）.

［83］汪晖. 去政治化的政治、霸权多重构成与六十年代的消逝［J］. 开放时代，2007（2）.

［84］肖燕雄. 因事成制：关于中国新闻法制建设的思考［J］. 时代法学，2010（8）.

［85］范传贵. 我国互联网依法治理已成常态［J］. 青年记者，2014（30）.

［86］刘兵. 关于中国互联网内容管制理论研究［D］. 北京：北京邮电大学图书馆，2007.

［87］李小宇. 中国互联网内容监管机制研究［D］. 武汉：武汉大学图书馆，2014.

［88］2022 网络清朗行动 聚焦十个方面重点任务 开展网络环境整治［EB/OL］.（2022－03－18）［2024－06－21］. https：//www. thepaper. cn/newsDetail_ forward_ 18709417.

［89］2023 年"清朗"系列专项行动重拳整治 9 大网络生态突出问题［EB/OL］.（2023－03－28）［2024－06－21］. https：//www. foshannews. net/h/192/20230328/599109_ m. html.

［90］詹婧. 2016 互联网治理舆情年度回顾 呈现四大新特点［EB/OL］.（2017－01－16）［2024－06－21］. https：//www. sohu. com/a/124420271_ 108893.

［91］申鹏. 探索网络群防群治的新"枫桥经验"［EB/OL］.（2017－12－24）［2024－06－21］. https：//www. sohu. com/a/212382964_ 161795.

［92］任思强. 网络整风大规模验"证"10 余万网站关停［EB/OL］.（2009－12－30）［2024－06－21］. http：//finance. sina. com. cn/g/20091230/04467173084. shtml.

［93］吕其庆. 认清网络谣言的巨大危害［EB/OL］.（2013－08－26）［2024－06－21］. http：//theory. people. com. cn/n/2013/0826/

c368343 – 22693223. html.

[94] 井春冉. 多方合力法律利剑挥斩网络谣言 ［EB/OL］.（2015 – 11 – 20）［2024 – 06 – 21］. https：//www. sohu. com/a/42971509_ 117622.

[95] 章晓英. 西方视角下"互联网治理"的基本含义 ［EB/OL］.（2015 – 11 – 25）［2024 – 06 – 21］. http：//xinwen. cssn. cn/nxzzl/202403/ t20240303_ 5736553. shtml.

[96] 黄庭满. 论习近平的网络空间治理新理念新思想新战略 ［EB/OL］.（2016 – 09 – 27）［2024 – 06 – 21］. http：//views. ce. cn/view/ent/ 201609/27/t20160927_ 16329184. shtml.

[97] 习近平：维权是维稳基础 维稳实质是维权 ［EB/OL］.（2014 – 01 – 29）［2024 – 06 – 21］. https：//m. huanqiu. com/article/9CaKrnJE8Wy.

[98] 朱丽娜. 全国多地启动"剑网2020"专项行动"剑"指五大领域侵权盗版行为 ［EB/OL］.（2020 – 07 – 30）［2024 – 06 – 21］. http：// media. people. com. cn/GB/n1/2020/0730/c14677 – 31804002. html.

[99] 天价鱼事件凸显旅游市场监管积弊 代价惨痛 ［EB/OL］.（2016 – 06 – 25）［2024 – 06 – 21］. http：//www. sxwq. org. cn/info/1026/7959. htm.

[100] 张新宝. 互联网发展的主要法治问题 ［EB/OL］.（2004 – 05 – 20）［2024 – 06 – 21］. http：//iolaw. cssn. cn/xspl/200405/t20040520_ 4590601. shtml.

[101] 新时代的中国网络法治建设 ［EB/OL］.（2023 – 03 – 16）［2024 – 06 – 21］. https：//www. gov. cn/zhengce/2023 –03/16/content_ 5747005. htm.

[102] 张景勇. 公安机关多措并举整治网上低俗之风 ［EB/OL］.（2009 – 01 – 16）［2024 – 06 – 21］. https：//tech. sina. com. cn/i/2009 – 01 – 16/20202758762. shtml.

[103] 陈舒扬."净网"进行时 九龙治网终结 ［EB/OL］.（2014 – 04 – 24）［2024 – 06 – 21］. https：//www. time – weekly. com/post/24608.

[104] 王融. 中国互联网监管二十年 ［EB/OL］.（2017 – 08 – 19）［2024 – 06 – 21］. https：//www. tisi. org/15948.

[105] 电邮服务标准征求意见稿发布 实名制提上日程 ［EB/OL］.（2004 – 05 – 14）［2024 – 06 – 21］. https：//tech. sina. com. cn/i/w/2004 – 05 –

14/0850361475. shtml.

［106］ 实名制掀起网络"正名运动"［EB/OL］.（2006 – 08 – 09）［2024 – 06 – 21］. https：//news. sina. com. cn/o/2006 – 08 – 09/061696966 08s. shtml.

［107］ 亚太城市峰会及市长论坛：腾讯向世界展示"智慧城市"的现在与 未来［EB/OL］.（2015 – 07 – 07）［2024 – 06 – 21］. https：// www. tisi. org/? p = 4117.

［108］ 青岛市委书记批示天价虾事件［EB/OL］.（2015 – 10 – 08）［2024 – 06 – 21］. https：//www. sohu. com/a/34549666_ 117499.

［109］ 全国"扫黄打非"办：过去一年共关闭 6 万余个涉黄网站［EB/ OL］.（2010 – 11 – 24）［2024 – 06 – 21］. http：//www. chinadaily. com. cn/dfpd/2010 – 11/24/content_ 11598502. htm.

［110］ ENGEL, CHRISTOPH. The Role of Law in the Governance of the Internet ［J］. International Review of Law computers & Technology, 2006（20）.

［111］ ONDRASIK, B. Death of the "Free Internet Myth"［J］. Masaryk University Journal of Law and Technology, 2008（3）.

［112］ AMJAD, M. The Impact of Internet on E-Democracy and E-Governance ［J］. International Studies Journal, 2004（1）.

［113］ RUOTOLO, G. M. Fragments of Fragments. The Domain Name System Regulation：Global Law or Informalization of the International Legal Order? ［J］. Computer Law & Security Review, 2016（2）.

［114］ WEBER, R. H. Transparency and the Governance of the Internet［J］. Computer Law and Security Review, 2008（4）.

［115］ KLEIN, H. Online Social Movements and Internet Governance［J］. Peace Review, 2001（3）.

［116］ MATHIASON, J. Internet Governance Wars：The Realists Strike Back ［J］. International Studies Review, 2007（1）.

［117］ MUELLER, M. Is Cybersecurity Eating Internet Governance? Causes and Consequences of Alternative Framings［J］. Digital Policy, Regulation and Governance, 2017（9）.

[118] FIDLER, B. Cybersecurity Governance: A Prehistory and Its Implications [J]. Digital Policy, Regulation and Governance, 2017 (6)

[119] GUPTA & SAMUEL. A Comprehensive Approach to Internet Governance and Cybersecurity [J]. Strategic Analysis, 2014 (4).

[120] KUERBIS, B. & BADIE F. Mapping the Cybersecurity Institutional Landscape [J]. Digital Policy, Regulation and Governance, 2017 (9).

[121] WAGNER, B. Governing Internet Expression: How Public and Private Regulation Shape Expression Governance [J]. Journal of Information Technology & Politics, 2013 (10).

[122] DI, C. & FANG W. Moral Goodness and Social Orderliness: An Analysis of the Official Media Discourse about Internet Governance in China [J]. Telecommunications Policy, 2016 (3).

[123] FENG, Y. & MUELLER M. Internet Governance in China: A Content Analysis [J]. Chinese Journal of Communication, 2014 (10).

[124] GHEZZI, A. & M. DRAMITINOS. Towards a Future Internet Infrastructure: Analyzing the Multidimensional Impacts of Assured Quality Internet Interconnection [J]. Telematics and Informatics, 2016 (2).

[125] MUELLER, M. Internet Governance: Infrastructure and Institutions [J]. Journal of the American Society for Information Science and Technology, 2010 (7).

后 记

本书有关互联网运动式治理及其法治化转型的研究既关注互联网运动式治理的微观层面的事件和行动中的有关问题，也探究互联网运动式治理的中观层面的发展规律问题，更试图通过其发展规律的分析来探寻宏观层面的互联网运动式治理法治化转型大方向的问题，其研究的意义和价值日益凸显。

首先，互联网运动式治理的法治化转型研究对促进社会转型和民主法治建设有重要意义。互联网运动式治理的法治化转型研究不仅是互联网治理研究的重要方面，也是带动政府行政模式转型、治理理念转型甚至制度转型的抓手，是社会整体转型的一部分。此外，互联网运动式治理是互联网管理部门在传统治理思路和治理模式基础上对互联网实行的一种专项治理，互联网技术发展和互联网问题的复杂性对互联网运动式治理的合法性和有效性不断构成挑战，这种传统治理模式与新的社会现实之间的张力是民主法治建设的有力驱动。

其次，互联网运动式治理的法治化转型研究对于互联网法治建设有重要启示意义。我国在互联网发展之初就尝试对其实施法制管理：一方面，出台专门的互联网法律法规，以更好地适应互联网传播环境下的司法需要；另一方面，积极修订旧法规，对原有相关条款进行修改、补充，以应对互联网带来的新问题。从1994年至今，我国颁行的互联网法律、法规、规章等共有数十部，涉及计算机安全、信息安全、互联网信息传播、域名注册和电子商务等多个方面，互联网的立法工作获得长足发展。但也要看到当前对互联网的法制管理仍有许多不足之处：在立法理念方面，仍沿用传统的行政规制思路，不仅滞后于互联网发展，并且有悖于互联网特性；在规制方式上，政府的管制倾向明显，而权利保障不足；在法律层级上，以部门规章为主，法律层级较低；在实施机制上，以事前审批和行政许可为主，而公众和行业组织参与缺失……这些不足都使得互联网常规管理的效果日益弱化，同时也促使互联网运动式治理被越来越频繁地使用。因此，研究互联网运动式治理的法治化转型问题对于互联网法治建设具有重要意义。

再其次，互联网运动式治理的法治化转型研究对于互联网治理实践的创新有启发意义。互联网运动式治理行动中有相当一部分是对互联网内容的专项治理，这和互联网法律法规对互联网的内容管理要求是一致的，而其所依据的互联网内容管理政策对互联网内容产业发展影响很大。当前的互联网管理体制承袭了传统的行政监管体制，根据互联网内容的归属领域，分别由文旅、新闻、出版、卫生等部门对互联网内容实施归口管理，这种归口管理方式虽然可以充分利用相关部门已有的行政管理经验，促进各部门间分工合作，有助于提高互联网治理的效率，但由于互联网内容属性的判定和划分十分复杂，很多时候其治理内容是涉及多重属性的综合问题，并不能简单归类，如互联网视听服务平台和微博等新兴平台上的传播内容显得尤为复杂，归口管理的内容监管模式越来越不能有效应对这些复杂性质问题。同时，归口管理本身也容易产生职能交叉和管理漏洞，部门间的协调又会加大其行政管理成本。而互联网运动式治理中各部门的合作是对互联网归口管理模式的一种补充。因此，互联网运动式治理的法治化转型研究可以启发相关管理部门进行互联网治理实践方面的探索和创新。

最后，互联网运动式治理的法治化转型研究有助于丰富互联网治理的理论体系。在国内的互联网治理研究中，学者们从不同学科的视角探讨相关议题，有的学者从经济学角度来关注电子商务的治理问题；有的学者从管理学视角研究电子政务建设和智慧政府建设的有关问题；有的学者从社会学角度关注社交媒体上的新型人际模式的问题；有的学者从传播学角度对新媒体的传播方式和传播功效问题进行研究。但整体而言，无论是典型案例的观察梳理还是基于学理的深入剖析都显得不够充分，其中对互联网运动式治理的研究尤其不足，因此对互联网运动式治理及其法治化转型的系统研究对丰富和完善互联网治理的理论体系建设有积极意义。

互联网技术的飞速发展给传统成熟的法学理论和方法论提出新课题和新

挑战。社会学、政治学等学科对于运动式治理的研究历时久、成果丰，在这些研究领域中运动式治理已经成为显性问题，与此形成鲜明对比的是，对于互联网治理领域的运动治理现象和行动的研究仅在互联网治理的立法研究、互联网安全的研究及互联网治理模式等问题的研究中被少量涉及，且也只是作为一种互联网执法现象被提及，或者被当作一个论据使用，关于其专门的、系统的研究较为缺乏。同时，互联网运动式治理及其法治化转型问题所涉及的内容包含了行政法学、公共行政管理学、社会学、政治学和传播学等学科的相关内容，是上述学科的交叉领域。因此，在研究过程中需要适当开阔行政法学的研究视野，过于局限于某一个角度对互联网运动式治理的研究失之片面。互联网运动式治理及其法治化转型的研究议题，需要基于社会学和政治学等既有相关的理论框架来架构对于互联网运动式治理的研究体系，同时又要基于跨学科视野以互联网运动式治理的法治化转型议题为主纲，提挈互联网运动式治理的特点、必然性、结果评价和价值评价等问题，此外还要囊括其转型的法律困境、主客体困境和困境解决的法律路径和法律机制以及其他配套机制等议题，这样才能纲举目张，才能对互联网运动式治理及其法治化转型的复杂问题予以全面系统的研究。

本书在研究方法方面也存在诸多不足：首先，网络电子信息参考过多。行政法研究论文常要结合日常行政实践，加之本书以互联网运动式治理行动的案例分析为基础而展开，因此互联网运动式治理的案例研究是较为重要的，但由于很多案例距今已有数十年，作者虽努力搜集了相关治理行动的报纸报道、开展通知或文件的纸质资料和电子资料，但在查找这些既往案例资料的过程中，还是因电子信息量大且搜索便利，所参考的网上电子公告偏多。其次，法理角度的研究分析有些薄弱。互联网运动式治理的相关问题不仅具有行政法议题的实践性、庞杂性和易变性，其本身和互联网的密切联系也使得这种行政法问题的复杂性和多变性更甚于其他领域的治理议题，如要对其进行到位的理论研究，需要极为扎实的法学理论素养，作者努力补足在法学基础理论尤其是行政法基础理论方面的知识，但仍感此非一日之功，法学理论知识积累不够使得本书法理角度的研究分析显得薄弱，没能更明显地区别于社会学和政治学对运动式治理的研究。最后，监管体系内部观点的印证不充分。关于互联网运动式治理的法制输送机制的提出是通过比对互联网运动式治理实践和相关互联网法律规范性文件出台的时间节点及相关管理制度建立的时间节点，并通过相关的立法背景资料印证来论证的。尽管笔者尽力收集了相关互联网法律、法规、规章和其他规范性文件出台的过程和背景资料，并对相关法律规范文件的变动情况进行了统计，但是仍然缺乏来自互联网监管体系内部的声音，缺少对参与互联网运动式治理的人员的深度访谈。除此之外，由于所选取的样本是既往主要互联网运动式治理行动的案例，无法对其做实际的田野调查，笔者将立足于现有研究成果基础，同时面向治理理论发展之广阔前景，就上述问题继续思考和探索，以不断推进互联网运动式治理的法治化转型议题的相关研究。